SAY IT IN
SWAHILI

by Sharifa M. Zawawi

Assistant Professor
Department of Classical Languages and Hebrew
The City College of the City University of New York

Dover Publications, Inc.

New York

Published in Canada by General Publishing Company, Ltd., 30 Lesmill Road, Don Mills, Toronto, Ontario.
Published in the United Kingdom by Constable and Company, Ltd.

Say It in Swahili is a new work, first published by Dover Publications, Inc., in 1972.

International Standard Book Number: 0-486-22792-8
Library of Congress Catalog Card Number: 75-136298

Manufactured in the United States of America
Dover Publications, Inc.
180 Varick Street
New York, N. Y. 10014

CONTENTS

CONTENTS

INTRODUCTION

Swahili is the language of about forty-five million people living in eastern and central Africa. For the majority of the people living in the coastal region it is their first language. This region consists of Zanzibar and Pemba (two islands off the coast of Tanzania), the Kenya coast from Lamu in the north to Mombasa in the south, and part of the Tanzania coast, including the capital, Dar es Salaam. Beyond this coastal area Swahili is spoken as far north as the Somali Republic, as far south as Madagascar and Mozambique, and as far west as Congo Kinshasa. This enormous area includes the countries of Kenya and Tanzania (in which Swahili is the national language), Uganda, Rwanda, Burundi, Congo Kinshasa, northern Malawi, northern Zambia, Mozambique, the northern part of the Malagasy Republic and the Comoro Islands.

Although the word Swahili is probably a form of the Arabic S-wāḥil, meaning "a coastal man" in the 'Umāni dialect, it would be wrong to think that Swahili is basically the language of the slave-traders of nineteenth-century East Africa. Swahili had grown up as early as the thirteenth century and perhaps even before as a trading language through the contact of African Bantu-speaking peoples with the Arabs, Persians and Indians. In its structure Swahili is a Bantu language and with a knowledge of Swahili it is possible to pick up fairly easily an understanding of other members of this African language family, such as Kiganda, Kikamba, Kikikuyu, Kinyanja, Kichaga, Kiluba, Kishona, Kizulu, Kikongo and Kiduala—all of which are spoken over smaller areas in Africa south of the Sahara. The structure of Swahili is similar to that of these other Bantu languages but Swahili has borrowed more than they from other languages, especially Arabic, Persian, Gujerati, Hindi, Portuguese and English. The extent of its borrowing reflects its flexibility and its adaptability to the changing times in which its speakers live.

There are several dialects of Swahili, as might be expected since it covers such a wide geographical area. The dialect used in this book is that of coastal Swahili, which was made the basis of standard Swahili.* Swahili is the mother tongue of the inhabitants of the coast and islands. It is also used as a secondary language by many people in the interior, especially men engaged in business in small towns and trading centers. But throughout this vast region of eastern and central Africa,

* Up-country Swahili (or Kiswahili cha Kisettla) is a kitchen form of the language which is now passing out of favor.

Swahili is also being taught in schools. The Swahili in this book will be understood by all these different African speakers of the language.

NOTES ON THE USE OF THIS BOOK

1. The material in this book has been selected chiefly to teach you many essential phrases, sentences and questions for travel. It will serve as a direct and interesting introduction to the spoken language if you are beginning your study. The sentences will be useful to you whether or not you go on to further study. With the aid of a dictionary, many pattern sentences included here will answer innumerable needs, for example: "Can I buy [an excursion ticket]?" The brackets indicate that substitutions can be made for these words with the use of a bilingual dictionary. In other sentences, for the words in square brackets you can substitute the words immediately following (in the same sentence or in the indented entries below it). For example, the entry

> Please [open] close the window.

provides two sentences: "Please open the window" and "Please close the window." Three sentences are provided by the entry:

> I want an apartment with [a bathroom].
> —— a dining room.
> —— a kitchen.

As your Swahili vocabulary grows, you will find that you can express an increasingly wide range of thoughts by the proper substitution of words in these model sentences.

2. There is no masculine and feminine gender in Swahili, so you need not worry about such distinctions in nouns, adjectives or verbs. There are differences, however, between singular and plural forms. So that, for instance, in commands (such as "Wait a moment," "Come in," "Come here") the verb ending is different depending on whether you are speaking to one person or to more than one. This is pointed out in the text (in parentheses)* whenever appropriate.

Although nouns have no masculine and feminine gender, they are divided into several "classes" which affect the prefixes of the adjectives that modify them, the verbs they govern and also other words in the sentence. This will explain the large variety of prefixes that may seem bewildering at first sight.

The Swahili verb may become long and complicated-looking because it incorporates so many grammatical elements into itself. Yet it always breaks down into easily recognized regular com-

---

* Throughout the book parentheses are used (1) for explanations, (2) to point out words that can be omitted without disturbing the sense, (3) to offer alternate renderings (preceded by "OR:").

ponents in a determined order. For instance, in the sentence

Unaweza kunipa kitu kitakachonisahilishia dhara zangu?
(Can you give me something to relieve my allergy?)

the verb *kitakachonisahilishia* (LIT.:* which will relieve me) breaks down as follows:

> *ki* = prefix used when the subject is a singular noun of the *ki-* class (in this case the subject is *kitu*, "thing; something")
>
> *taka* = sign of the future tense ("will")†
>
> *cho* = relative pronoun ("which") of the *ki-* class, singular (refers to *kitu*)
>
> *ni* = object pronoun, first person singular ("me")
>
> *sahilishia* = the basic verb: "relieve; make light; make easy" (a causative prepositional verb formed from the noun *sahala*, "lightness; ease")

The present phrase book does not attempt to teach Swahili grammar, but each sentence is completely correct grammatically as it is given,

---

* This abbreviation is used for "literally" throughout the book.

† The sign of the future tense is generally *ta*, but *taka* may be used when a relative pronoun follows, as it does here.

and you can use this book with full confidence. If you begin to study Swahili grammar, you will be delighted by its great regularity and logic. Words like *kitakachonisahilishia* should not discourage you.

3. You will find the extensive index at the end of the book especially helpful. Capitalized items in the index refer to section headings and give the number of the page on which the section begins. All other numbers refer to *entry numbers*. All the entries in the book are numbered consecutively.

PRONUNCIATION

The rules for the pronunciation of Swahili are so easy that it has not been necessary to provide an artificial transcription system as pronunciation guide. Swahili uses the familiar Latin alphabet. The consonants are pronounced like their counterparts in English, with only a few exceptions. The vowels are similar to those in Spanish or Italian.

Syllable divisions come after vowels, so that, for instance, *nzigunzigu* (a species of butterfly) is divided as *nzi-gu-nzi-gu*. With very rare exceptions (which will be indicated where they occur in the text), the next-to-last syllable of a word bears the main stress.

CONSONANTS

The twenty-six Swahili consonant sounds (some spelled with more than one letter) are presented here in English alphabetical order for convenience.

ENGLISH EQUIVALENTS

b   similar to *b* in *b*at (but see comment 1 below)

ch	as in *church*
d	similar to *d* in *dog* (but see comment 1 below)
dh	like the *th* in *that*
f	as in *far*; never as in *of*
g	similar to *g* in *goat* (but see comment 1 below); never like *g* in *giant*
gh	like the equivalent sound in Arabic (see comment 2 below)
h	as in *head*
j	similar to *j* in *joke* (but see comment 1 below)
k	like *c* in *cat*
kh	like the equivalent sound in Arabic (see comment 2 below)
l	as in *look*
m	as in *man* (see comment 3 below)
n	as in *now* (see comment 3 below)
ng'	like the *ng* in *singer* (see comment 3 below)
ny	as in *canyon*; often occurs at the beginning of a word
p	as in *pat*
r	as in *read*
s	as in *sit*; never as in *rise*
sh	as in *sheep*
t	as in *tan*
th	as in *thin*; never as in *this*
v	as in *visit*
w	as in *with*

y   as in *y*ou

z   as in *z*oo

Comments.—(1) The Swahili consonants *b*, *d*, *g* and *j*, when not preceded by *n*, are implosives; that is, the breath is bottled up briefly before the letter is pronounced, and then it is pronounced with an accompanying gulp. If you pronounce these letters as in English, however, you will surely be understood.

(2) The consonants *kh* and *gh*, which occur in relatively few Swahili words, are borrowed from Arabic. *Kh* is a hard guttural sound similar to that produced in clearing the throat; the familiar sound closest to it is the *ch* in the German word "A*ch*tung" and in the Scottish word "lo*ch*." *Gh* is pronounced like *kh*, but with the vocal cords vibrating—like the sound produced by gargling.

(3) In Swahili, the nasal consonants *m* and *n* often occur at the beginning of a word with no vowel following. Examples are "*m*tu" (person), "*m*vua" (rain), "*n*chi" (country), "*n*diyo" (yes). In this situation the *m* or *n* is "hummed." (When followed by only one syllable, as in "mtu" and "nchi," the *m* or *n* forms a syllable by itself and bears the word stress.)

It is important not to confuse *ng* (the normal combination of the Swahili sounds *n* and *g*, which can occur at the beginning of a word or within it) with the distinct and different sound spelled *ng'* (which can also occur at the beginning of a word or—less often—within it). *Ng'* is the nasal velar sound found in the English word "si*ng*er" (without a hard *g* sound, as opposed to the cluster *ng* in "fi*ng*er"). This sound thus occurs in English, but never at the beginning of a word, as it usually does in Swahili (example: "*ng'*ombe," cow). Although you may find this difficult, you ought to practice it, especially since the distinction between *ng* and *ng'* is all that differentiates certain Swahili words.

Ex.: ng'anda—a handful   ng'oa—uproot
      nganda—a playing card   ngoa—desire

VOWELS

The five Swahili vowels have somewhat different sounds when they are in a stressed syllable and when they are in an unstressed syllable.

ENGLISH EQUIVALENTS

	UNSTRESSED	STRESSED
a	between *a* in b*a*t and *u* in b*u*t	as in f*a*ther
e	as in b*e*t	like *ai** in b*ai*t
i	as in b*i*t	like *ea* in b*ea*t
o	like *ough* in b*ough*t	like *oa* in b*oa*t
u	as in f*u*ll	like *oo* in f*oo*l

* Actually, like the first vowel sound in *ai*, without the *ee* quality which follows.

When vowels come together, as in *au* (or), each retains its own sound within the combination, and they are considered as belonging to separate syllables. When two similar vowels come together at the end of a word, as in *paa* (roof, antelope), they form one longer sound. Here, too, the vowels are technically in separate syllables, so that a word like *jogoo* (rooster) is stressed on the syllable *-go-*.

USEFUL EXPRESSIONS

1. **Yes.**
   Ndiyo (OR: Naam).

2. **No.**
   Hapana (OR: La).

3. **Perhaps.**
   Labda (OR: Yumkini).

4. **Please.**
   Tafadhali. (to one person)
   Tafadhalini. (to more than one)

5. **Excuse me.**
   Niwie radhi (OR: Kumradhi). (to one person)
   Niwieni radhi (OR: Kumradhini). (to more than one)

6. **Many thanks.**
   Ahsante sana. (to one person)
   Ahsanteni sana. (to more than one)

7. **You are welcome** (LIT.: **It's nothing**).
   Si kitu.

8. **Not at all.**
   Hata kidogo.

9. **It doesn't matter.**
   Haidhuru.

10. **That is all.**
    Basi.

11. **All right.**
    Vyema.

12. **O.K.**
    Haya.

13. **Is that so?**
    Kumbe!

14. **What do you wish?**
    Unataka nini?

15. **I want ——.**
    Nataka ——.

16. **I do not want [this thing].**
    Sitaki [kitu hiki].

17. **This is beautiful.**
    Huyu ni mzuri. (referring to nouns in the animate class)
    Hiki ni kizuri. (referring to nouns in the *ki*-class)
    Hii ni nzuri. (referring to nouns in the *n*- class)

18. **Where is ——?**
    Iko wapi ——?

19. **When does it open?**
    Hufunguliwa lini?

20. **When does it close?**
    Hufungwa lini?

21. I am looking for [George].
Namtafuta [George].*

22. I am looking for [George and Ali].
Nawatafuta [George na Ali].*

23. I am looking for the post office.
Natafuta (ofisi ya) posta.

24. Can you help me?
Unaweza kunisaidia?

25. Can you help us?
Unaweza kutusaidia?

26. Can you take me there?
Unaweza kunipeleka huko?

27. It is near.
Iko karibu.

28. Is it near?
Iko karibu?†

* Sentences 21 and 22 show the use of the object affix with the verb when referring to people (*-m-* is the object affix referring to a singular animate noun, *-wa-* is the one referring to a plural animate noun):

I am looking for George.	Na*m*tafuta George.
I am looking for George and Ali.	Na*wa*tafuta George na Ali.

If the object is inanimate, the affix of the appropriate class is used only when the object is definite.

I am looking for a car.	Natafuta motokaa. (no affix).
I am looking for my car.	Na*i*tafuta motokaa yangu.

† Word order is the same for both statements and questions in Swahili. Only the intonation differs.

29. **It is far.**
    Iko mbali.

30. **Good! (Well done!)**
    Vizuri!

31. **Bad! (Badly done!)**
    Vibaya!

32. **It's my fault.**
    Ni kosa langu.

33. **It's not my fault.**
    Si kosa langu.

34. **I know.**
    Najua.

35. **I do not know.**
    Sijui.

36. **Why?**
    Kwa nini?

37. **When?**
    Lini?

38. **What?**
    Nini?

39. **What is that?**
    Kile ni nini?

40. **What is this?**
    Hiki ni nini?

41. **Who?**
    Nani?

42. Who is that?
Yule ni nani?

43. Who is this?
Huyu ni nani?

44. How?
Vipi?

45. How much?
Kiasi gani?

46. How many?
Ngapi?

47. How long? (time)
Muda gani?

48. How far?
Umbali gani?

49. Where?
Wapi?

50. Here.
Hapa.

51. There.
Kule.

52. Wait a moment.
Ngoja kidogo. (to one person)
Ngojeni kidogo. (to more than one)

53. Come in.
Ingia (OR: Karibu). (to one person)
Ingieni (OR: Karibuni). (to more than one)

54. Come here.
Njoo hapa. (to one person)
Njooni hapa. (to more than one)

55. Go there.
Nenda kule. (to one person)
Nendeni kule. (to more than one)

56. Go away.
Nenda zako. (to one person)
Nendeni zenu. (to more than one)

57. What's up (OR: **What's the matter**)?
Kuna nini?

58. There is nothing (OR: **Nothing's the matter**).
Hakuna kitu.

59. Can you tell me?
Unaweza kuniambia?

60. Can you show me?
Unaweza kunionyesha?

YOURSELF

61. What is your name?
Jina lako nani?

62. My name is ——.
Jina langu ——.

63. My name is spelled this way.
Jina langu linaandikwa hivi.

64. I am from the United States of America.
Ninatoka Amerika.*

65. We are from the United States of America.
Tunatoka Amerika.

66. He (OR: She) is from the United States.
(Yeye)† anatoka Amerika.

67. They are from the United States.
(Wao) wanatoka Amerika.

68. I am an American.
Mimi ni Mwamerika.

69. We are Americans.
Sisi ni Waamerika.

70. I am [25] years old.
Nina miaka [ishirini na tano (OR: ishirini na
    mitano)].

71. I am a student.
Mimi ni mwanafunzi.

72. We are students.
Sisi ni wanafunzi.

73. I am a teacher.
Mimi ni mwalimu.

* *Amerika* is stressed on the second syllable, as in English.
† *Yeye* means either "he" or "she." The use of *yeye* and
wao (they) in sentences 66 and 67 is optional, for purposes of
clarity or emphasis.

74. **We are teachers.**
Sisi ni walimu.

75. **I am [a business man].**
Mimi ni [mfanyaji biashara].

76. **A clerk.**
Karani.

77. **A tourist.**
Mtalii.

78. **A visitor.**
Mgeni.

79. **A nurse.**
Muuguzi (OR: Muuguzaji).

80. **A doctor.**
Daktari.

81. **I am a friend of ——.**
Mimi ni rafiki wa ——.

82. **I have come here [to study].**
Nimekuja hapa [kujifunza].

83. **—— to teach.**
—— kufundisha (OR: kusomesha).

84. **—— to work.**
—— kufanya kazi.

85. **—— on a business trip.**
—— kufanya biashara.

86. **—— on vacation.**
—— kwa likizo.

87. **I am glad** (OR: **happy**).
Nimefurahi.

88. **I am tired.**
Nimechoka.

89. **I am sorry.**
Ninasikitika.

90. **I am in a hurry.**
Nina haraka.

91. **I am not in a hurry.**
Sina haraka.

92. **I am busy.**
Nina kazi.

93. **I am not busy.**
Sina kazi.

94. **I am hungry.**
Nina njaa.

95. **I am not hungry.**
Sina njaa.

96. **I am thirsty.**
Nina kiu.

97. **I am warm.**
Ninaona joto.

98. **We are warm.**
Tunaona joto.

99. **I am cold.**
Ninaona baridi.

100. **I am sick.**
Ninaumwa.

101. **I am not feeling well.**
Sioni (OR: Sihisi) vizuri.

102. **I am leaving for [Nairobi] tomorrow morning.**
Ninaondoka   kwenda   [Nairobi]   kesho asubuhi.

103. **We are leaving for [Nairobi] tomorrow afternoon.**
Tunaondoka kwenda [Nairobi] kesho alasiri.

GREETINGS AND SOCIAL CONVERSATION

104. **Good morning.**
Shikamoo (OR: Subalkheri).

105. **Good evening.**
Shikamoo (OR: Msalkheri).

106. **Hello.**
Hujambo? (to one person)
Hamjambo? (to more than one)

107. **Goodbye.**
Kwa heri. (to one person)
Kwa herini. (to more than one)

108. How are you?
Uhali gani? (to one person)
Mhali gani? (to more than one)

109. Fine, and you?
Mzima. Je wewe? (to one person)
Mzima. Je nyinyi? (more than one)

110. I am not well.
Simzima.

111. What's the news?
Habari (gani)?

112. Good. (reply to the preceding)
Nzuri (OR: Njema; OR: Safi).

113. Peaceful.
Salama.

114. How is the family?
Jamaa zako hawajambo?

115. How are the people at home?
Watu nyumbani hawajambo?

116. They are well.
Wao wazima.

117. How is [your wife]?
Hajambo [mke wako (OR: bibi yako)]?

118. —— your husband.
—— mume (OR: bwana) wako.

119. How are your parents?
Wazazi wako hawajambo?

120. **(They are) not very well.**
   (Wao) si wazima sana.

121. **They are a little better.**
   Hawajambo kidogo.

122. **How are things going?**
   Mambo yanaendeleaje?

123. **Well.**
   Vizuri.

124. **Badly.**
   Vibaya.

125. **So so.**
   Ndiyo hivyohivyo.

126. **I would like to introduce you to [Mr. Ali].**
   Nitapenda kukujulisha na [Bwana Ali].
      (speaking to one person)
   Nitapenda kukujulisheni na [Bwana Ali].
      (speaking to more than one)

127. —— **Mrs. Ali.**
   —— Bibi Ali.

128. —— **Miss Ali.**
   —— Binti Ali (OR: Mtoto wa Bwana Ali).

129. —— **Miss Fatma Ali.**
   —— Bi.* Fatma Ali.

* *Bi.* (short for *Bibi,* but pronounced just as written) is used for "Miss" when the girl's first name is given.

130. —— my wife.
—— mke wangu (OR: bibi yangu).

131. —— my husband.
—— mume (OR: bwana) wangu.

132. —— my fiancé (OR: fiancée).
—— mchumba wangu.

133. —— my daughter.
—— binti yangu (OR: mwanangu wa kike).

134. —— my son.
—— mwanangu wa kiume.

135. —— my sister.
—— dada yangu* (OR: ndugu yangu wa kike).

136. —— my brother.
—— kaka yangu* (OR: ndugu yangu wa kiume).

137. —— my mother.
—— mama yangu (OR: Mamangu).

138. —— my stepmother.
—— mama yangu wa kambo.

139. —— my father.
—— baba yangu (OR: Babangu).

140. —— my stepfather.
—— baba yangu wa kambo.

* For some speakers *dada* and *kaka* refer only to an elder sister or elder brother, respectively.

141. —— my friend.
—— rafiki yangu.

142. —— my friends.
—— rafiki zangu.

143. —— my uncle (mother's brother).
—— mjomba wangu.

144. —— my uncle (father's elder brother).
—— baba yangu mkubwa.

145. —— my uncle (father's younger brother).
—— baba yangu mdogo.

146. —— my aunt (mother's elder sister).
—— mama yangu mkubwa.

147. —— my aunt (mother's younger sister).
—— mama yangu mdogo.

148. —— my aunt (father's sister).
—— shangazi yangu.

149. —— my nephew (OR: niece).
—— mpwa wangu (OR: mtoto wa ndugu yangu).*

150. —— my relative.
—— jamaa yangu.

151. —— my relatives.
—— jamaa zangu.

* Either of these Swahili expressions means "nephew" or "niece."

152. —— my mother-in-law (OR: father-in-law).
—— mkwe wangu.

153. —— my parents-in-law.
—— wakwe zangu.

154. **I am glad to meet you.**
Nimefurahi kuonana nawe. (to one person)
Nimefurahi kuonana nanyi. (to more than one)

155. **Please sit down.**
Tafadhali kaa kitako. (to one person)
Tafadhalini kaeni kitako. (to more than one)

156. **Will you sit with us?**
Utakaa na sisi? (to one person)
Mtakaa na sisi? (to more than one)

157. **Who is this man?**
Bwana huyu ni nani?

158. **Who is this woman?**
Bibi (OR: Mama) huyu ni nani?

159. **Who is this boy?**
Mvulana huyu ni nani?

160. **Who is this girl?**
Msichana huyu ni nani?

161. **Please give me [your address].**
Tafadhali nipe [anwani yako].

162. **May I have [your telephone number]?**
Naweza kupata [nambari yako ya simu]?

163. —— your parents' name.
—— jina la wazazi wako.

164. **What do you do?**
Unafanya nini?

165. **Where is [your office]?**
[Ofisi yako] iko mahali gani?

166. **What are you doing this evening?**
Unafanya nini jioni ya leo?

167. **Would you like me to call on you?**
Utapenda nikutembelee?

168. **Would you like to go out with me?**
Utapenda kutoka pamoja nami?

169. **Are you busy [tomorrow morning]?**
Una kazi [kesho asubuhi]?

170. **I have enjoyed myself very much.**
Nimestarehe sana.

171. **We have enjoyed ourselves very much.**
Tumestarehe sana.

172. **I had a very good time.**
Nilikuwa na wakati mzuri sana.

173. **Come to see me.**
Njoo unione (OR: Njoo uonane nami). (to one person)
Njooni mnione (OR: Njooni muonane nami) (to more than one)

174. Come to see us.
Njoo utuone (OR: Njoo uonane nasi). (to one person)
Njooni mtuone (OR: Njooni muonane nasi). (to more than one)

175. I like (OR: love) you very much.
Nakupenda sana.

176. It was my pleasure.
Ilikuwa furaha kwangu.

177. I hope to see you again soon.
Natumai kukuona tena kwa hivi karibu. (to one person)
Natumai kukuoneni (OR: kuwaoneni) kwa hivi karibu. (to more than one)

178. I must go now.
Lazima* niende sasa.

179. I must leave now.
Lazima niondoke sasa.

180. Give my regards to your family.
Wape salamu zangu jamaa zako.

181. Congratulations.
Pongezi (OR: Mkono wa furaha).

182. Happy holiday.
Sikukuu ya furaha.

* *Lazima* may be accented on the first syllable, and may also appear as *lazim*.

183. Happy Idd (a Muslim holiday).
Idi ya furaha (OR: Idi mubarak).

184. Merry Christmas.
Noeli (OR: Krismasi) ya furaha.

185. Happy New Year.
Mwaka mpya wa furaha.

MAKING YOURSELF UNDERSTOOD

186. Do you speak [English]?
Unasema Kiingereza?

187. —— French.
—— Kifaransa.

188. —— German.
—— Kijarumani.

189. —— Italian.
—— Kitaliana.

190. —— Portuguese.
—— Kireno.

191. I speak [only] English.
Nasema Kiingereza [tu].

192. I know [a little] Swahili.
Naelewa (OR: Najua) Kiswahili [kidogo].

193. Please speak [more] slowly.
Tafadhali sema polepole [zaidi].

194. **I do not understand.**
Sifahamu.

195. **Do you understand me?**
Unanifahamu? (to one person)
Mnanifahamu? (to more than one)

196. **Repeat it, please.**
Tafadhali rudia tena.

197. **What is that thing called in Swahili?**
Kitu kile kinaitwaje (OR: kinaitwa nini) kwa
Kiswahili?

198. **How is that thing used?**
Kitu kile kinatumiwaje?

199. **What does this word mean?**
Neno hili lina maana gani?

200. **How do you say "pencil" in Swahili?**
Unasemaje "pencil" kwa Kiswahili?

201. **Will you please write it down?**
Tafadhali liandike.

202. **Will you please write down [the place]?**
Tafadhali andika [mahali].

203. —— **the date.**
—— tarehe.

204. **We need [an interpreter].**
Tunahitaji [mtarjumani].

205. —— **someone to translate for us.**
—— mtu wa kutufasiria.

DIFFICULTIES AND EMERGENCIES

206. **Stop!**
Simama (OR: Sita)! (to one person)
Simameni! (to more than one)

207. **Look there.**
Tazama kule. (to one person)
Tazameni kule. (to more than one)

208. **Listen.**
Sikiliza.

209. **Be careful.**
Tahadhari.

210. **Watch out.**
Angalia.

211. **Danger.**
Hatari.

212. **Fire.**
Moto.

213. **Accident.**
Ajali.

214. **Thief.**
Mwizi.

215. **Police.**
Askari.

216. Help me.
Nisaidie.

217. Come quickly.
Njoo upesi.

218. Run.
Kimbia.

219. Leave me alone.
Niache.

220. Stop bothering me.
Wacha kunighasi.

221. Will you go away or not?
Utaondoka au la?

222. I will call a policeman.
Nitamwita askari.

223. Where is [the police station]?
[Stesheni ya polisi] iko wapi?

224. He is bothering me.
Ananighasi.

225. He is bothering us.
Anatughasi.

226. My money has been stolen.
Pesa zangu zimeibiwa.

227. My bag has been stolen.
Mkoba wangu umeibiwa.

228. My clothes have been stolen.
Nguo zangu zimeibiwa.

229. **My suitcase has been stolen.**
Sanduku langu limeibiwa.

230. **My car was stolen.**
Motokaa yangu iliibiwa.

231. **My jewelry was stolen.**
Vyombo vyangu vya thamani viliibiwa.

232. **I'm lost.**
Nimepotea.

233. **I cannot find my hotel.**
Siwezi kuiona hotel yangu.

234. **I do not remember the name of the street.**
Sikumbuki jina la njia hiyo.

235. **I have lost [my money].**
Nimepoteza [pesa zangu].

236. —— **my passport.**
—— pasi (OR: paspoti) yangu.

237. —— **my key.**
—— ufunguo wangu.

238. —— **my wallet.**
—— mkoba wangu (OR: pochi yangu).

239. —— **my visa.**
—— viza yangu.

240. —— **my glasses.**
—— miwani yangu.

241. —— my camera.
—— kamera yangu.

242. —— my friends.
—— rafiki zangu.

243. He has lost [his suitcase].
Amepoteza sanduku lake.

244. —— his bag.
—— mfuko wake.

245. I left [my purse] here.
Niliacha [mkoba wangu] hapa.

246. The lost-and-found place.
Mahali pa vilivyopotezwa vikaonekana.

247. I have forgotten to bring [my clothes].
Nimesahau kuleta [nguo zangu].

248. —— my pen.
—— kalamu yangu.

249. I have missed [the train].
Nimekosa [treni (OR: reli; OR: gari moshi)].

250. —— the bus.
—— basi (OR: gari la abiria).

251. —— the plane.
—— ndege (OR: eropleni).

252. You have missed [the boat].
Umeikosa [meli]. (to one person)
Mmeikosa [meli]. (to more than one)

253. There has been an accident.
Kumetokea ajali.

254. I do not know what to do.
Sijui la kufanya (OR: Sijui nifanye nini).

255. I do not know what is the matter.
Sijui kuna nini.

256. I have broken [my glasses].
Nimevunja [miwani yangu].

257. Where can I find [an optometrist]?
Wapi naweza kupata [anayepima miwani]?

258. Who can fix [this hearing aid]?
Nani ataweza kutengeneza [kisikio hiki]?

**259. Will you get me someone who speaks
    English?**
Utaweza   kunipatia   mtu   anayesema
Kiingereza?

**260. Will you please take me to the American
    Consulate.**
Tafadhali nipeleke Konseli ya Amerika.

261. Where is the American Embassy?
Iko wapi ofisi ya Ubalozi wa Amerika?

262. Where is [the washroom]?
Kiko wapi [choo]?*

263. —— the men's room.
—— choo cha wanaume.

* "Where is the washroom?" may also be expressed as
Msalani ni wapi?

264. —— **the ladies' room.**
—— choo cha wanawake.

265. **I am looking for [my friend].**
Ninamtafuta [rafiki yangu].

266. —— **my host** (OR: **hostess**).
—— mwenyeji wangu.

267. —— **my companion.**
—— mwenzangu.

268. **What am I to do?**
Nifanye nini?

269. **Where are we going?**
Tunakwenda wapi?

270. **Can you wait for me?**
Unaweza kuningojea? (to one person)
Mnaweza kuningojea? (to more than one)

271. **Can you wait for us?**
Unaweza kutungojea?

CUSTOMS

272. **Where is the customs?**
Forodha iko wapi?

273. **Here is my baggage.**
Mizigo yangu hii hapa.

274. **Here is my passport.**
Paspoti (OR: Pasi) yangu hii hapa.

275. Here is my visa.
Viza yangu hii hapa.

276. Here is my health certificate.
Cheti changu cha afya hiki hapa.

277. Here is my vaccination certificate.
Cheti changu cha kuchanjia hiki hapa.

278. I cannot find all my baggage.
Siwezi kuiona mizigo yangu yote.

279. This is all I have.
Nilivyonavyo ni hivi tu.

280. Where is your luggage?
Mizigo yako iko wapi?

281. The two pieces to your left are mine.
Hiyo miwili kushotoni kwako ni yangu.

282. The two pieces to your right are mine.
Hiyo miwili kuliani kwako ni yangu.

283. Here is my declaration form.
Hii hapa karatasi yangu ya ushuru.

284. I have nothing subject to duty.
Sina kitu cha kutozwa ushuru.

285. Shall I open everything?
Nifungue kila kitu?

286. Which one do you want me to open?
Unanitaka nifungue upi?

287. I cannot open this one because I've lost the key.
Siwezi kuufungua huu kwa sababu nimeupoteza ufunguo wake.

288. All these are my personal belongings.
Vitu vyote hivi ni vyangu mimi mwenyewe.

289. This suitcase contains only [clothes].
Sanduku hili lina [nguo] tu.

290. —— books.
—— vitabu.

291. —— carvings.
—— mapambo ya miti.

292. There is nothing in here but [clothing].
Hamna kitu humu isipokuwa [nguo].

293. This package contains [clothing].
Furushi (OR: Bahasha) hili lina [nguo].

294. These are gifts.
Hizi ni zawadi.

295. The gifts are in this suitcase.
Zawadi zimo katika sanduku hili.

296. It is a used item.
Kimetumiwa.

297. It is new.
Kipya. (when referring to *ki-* class)
Mpya. (when referring to *n-* and *m-* classes)
Jipya. (when referring to *ji-* class)

298. Are these things dutiable?
Vitu hivi hutozwa ushuru?

299. How much must I pay?
Nilipe kiasi gani?

300. Have you finished?
Umemaliza?

301. One piece of luggage is missing.
Mzigo mmoja umepungua.

302. May I go now?
Niende zangu sasa?

303. May we go now?
Twende zetu sasa?

BAGGAGE

304. Where is the baggage kept?
Mizigo huwekwa wapi?

305. Where is the baggage room?
Chumba cha mizigo kiko wapi?

306. I want to leave [these bags] for a while.
Nataka kuweka [mizigo hii (OR: mifuko hii; OR: masanduku haya)] kwa kitambo.

307. Can I leave these things here [until later]?
Naweza kuweka vitu hivi hapa [mpaka halafu]?

308. —— for a few days?
—— kwa siku chache?

309. Must I pay now or later?
Lazima nilipe sasa au baadaye?

310. I want to take out my luggage.
Nataka kutoa mizigo yangu.

311. I need a porter.
Ninahitaji mchukuzi.

312. Where can I find a porter?
Wapi naweza kupata mchukuzi?

313. Porter! Please carry these for me.
Bwana! Tafadhali nichukulie vitu hivi.

314. How much do you want?
Unataka kiasi gani?

315. How much do I owe you?
Unanidai kiasi gani?

316. Here are the checks for the trunks.
Hivi ni vyeti vya masanduku.

317. Follow me, please.
Tafadhali nifuate.

318. Please carry this load very carefully.
Tafadhali ubebe mzigo huu kwa hadhari
sana.

319. Please get my bags from the baggage car.
Tafadhali nitolee masanduku yangu kwenye
gari la mizigo.

320. **Will you please take my bags [to a taxi]?**
Tafadhali nipelekee masanduku yangu [kwenye teksi].

321. —— **to the checkroom.**
—— mahali panapowekwa mizigo.

322. **How much shall I pay per bag?**
Nilipe kiasi gani kwa kila sanduku?

323. **Fragile.**
Kitu cha kuvunjika.

324. **Will you please put this on the rack for me?**
Tafadhali niwekee kitu hiki kwenye chanjo.

TRAVEL DIRECTIONS

325. **I want to go to the [airline office].**
Nataka kwenda [ofisi ya ndege].

326. —— **information office.**
—— ofisi ya habari.

327. —— **ministry of information.**
—— wizara ya habari.

328. —— **town.**
—— mjini.

329. —— **suburb.**
—— kitongojini (OR: kiungani).

330. —— **stores.**
—— madukani.

331. —— **business section.**
—— sehemu ya kazi.

332. —— **shopping section.**
—— sehemu ya madukani.

333. —— **residential section.**
—— wanakoishi watu (OR: sehemu ya majumba).

334. **Can you direct me to the tourist office?**
Utaweza kunielekeza njia ya ofisi ya watalii?

335. **Can you recommend [a travel agent]?**
Utaweza kunisifia [ajenti wa safari]?

336. —— **a travel agency.**
—— ofisi ya safari.

337. **Where is the airport?**
Kiwanja cha ndege kiko wapi?

338. **Where is the airline office?**
Ofisi ya ndege iko wapi?

339. **Where is the bus station?**
Stesheni ya basi iko wapi?

340. **Where is the railroad station?**
Stesheni ya gari moshi (OR: treni; OR: reli) iko wapi?

341. **What is the best way to travel to [Tanga]?**
Njia iliyo bora kusafiria [Tanga] ni ipi?

342. **What is the fastest way to travel to [Malindi]?**
Njia ya upesi ya kusafiria [Malindi] ni ipi?

343. **Is the railroad station near here?**
Steshini ya gari moshi iko karibu na hapa?

344. **How far?**
Umbali gani?

345. **How does one get there?**
Mtu hufikaje huko?

346. **Can I walk?**
Naweza kwenda kwa miguu?

347. **Can I go [by bus]?**
Naweza kwenda [kwa basi]?

348. —— **by passenger car.**
—— kwa gari la abiria.

349. —— **by a ferry boat.**
—— kwa kivuko.

350. **Is the bus stop nearby?**
Kituo cha basi kiko karibu?

351. **How long will it take to go to Lamu?**
Itachukua muda gani kwenda Lamu?

352. **When will we arrive?**
Tutafika lini?

353. **Is this the direct way to Voi?**
Hii ndiyo njia ya mkato kwendea Voi?

354. Am I going in the right direction?
Hii njia ninayoifuata ndiyo?

355. Please show me the way.
Tafadhali nionyeshe njia.

356. Is it [near] far?
Iko [karibu] mbali?

357. Should I turn [left]?
Nigeuke [kushoto]?

358. —— right.
—— kulia.

359. —— north.
—— kaskazini.

360. —— south.
—— kusini.

361. —— west.
—— magharibi.

362. —— east.
—— mashariki.

363. —— at the traffic light.
—— kwenye taa za kuongoza magari (OR: taa za "traffic").

364. —— at the next corner.
—— pembe (OR: kona) ya pili.

365. Is it [on this side] of the street?
Iko [upande huu] wa njia?

366. —— **on the other side.**
—— upande mwingine.

367. **Is it [in front of a school]?**
Iko [mbele ya skuli (OR: shule)]?

368. —— **facing the school.**
—— mkabala na skuli.

369. —— **beside the café.**
—— ubavuni mwa mkahawa.

370. —— **next to the post office.**
—— karibu na posta.

371. —— **behind the bank.**
—— nyuma ya bengi.

372. —— **at the top of the hill.**
—— juu ya kilima.

373. —— **below the hill.**
—— chini ya kilima.

374. —— **inside.**
—— ndani.

375. —— **outside.**
—— nje.

376. **Go straight ahead.**
Nenda moja kwa moja.

377. **Go a little way from the bus stop.**
Nenda mbali kidogo na kituo cha basi.

378. **Do I have to cross [the road]?**
Itanibidi nivuke [njia]?

379. —— the bridge.
—— daraja.

380. —— the river.
—— mto.

381. **What is this street called?**
Njia hiyo inaitwaje?

382. **Please show me on the map.**
Tafadhali nionyeshe kwenye ramani.

TICKETS

383. **Where is the ticket office?**
Ofisi ya tikti iko wapi?

384. **Where is the waiting room?**
Chumba cha kungojelea kiko wapi?

385. **Where is the information window?**
Dirisha la habari liko wapi?

386. **When does the ticket office open?**
Ofisi ya tikti hufunguliwa lini?

387. **Can I go to [Dar es salaam] by way of [Tanga]?**
Naweza kwenda [Dar es salaam] kwa njia ya [Tanga]?

388. **How much is a one-way fare to Arusha?**
Kiasi gani nauli ya kwenda Arusha?

389. How much is a round trip?
Kiasi gani nauli ya kwenda na kurudi?

390. I want [one ticket].
Nataka [tikti moja].

391. —— two tickets.
—— tikti mbili.

392. —— a platform ticket.
—— tikti ya kupandia.

393. —— a front seat.
—— kiti cha mbele.

394. —— a back seat.
—— kiti cha nyuma.

395. —— a seat near the window.
—— kiti kilicho karibu na dirisha.

396. —— a reserved seat.
—— kufungisha kiti.

397. Can I buy [an excursion ticket]?
Naweza kununua [tikti ya matembezi]?

398. How long is it good for?
Inatumika kwa muda gani?

399. I want to go [first class].
Nataka kwenda kwa [daraja (OR: klasi) ya kwanza].

400. —— second class.
—— daraja (OR: klasi) ya pili.

401. —— **third class.**
—— daraja (OR: klasi) ya tatu.

402. **What baggage weight am I allowed to take?**
Naruhusiwa kuchukua mizigo yenye uzito gani?

403. **How many valises may I take?**
Nichukue masanduku mangapi?

404. **This is an official visit.**
Ziara hii ni ya rasmi.

405. **This is a business visit.**
Ziara hii ni kwa ajili ya biashara (OR: Ziara hii ni ya kazi).

406. **Can I get something to eat on this trip?**
Naweza kupata chakula kwenye safari hii?

407. **May I stop off at [Moshi] on the way?**
Naweza kusita [Moshi] katika safari yangu?

TRAVEL BY PLANE

408. **Where is the airport?**
Kiwanja cha ndege kiko wapi?

409. **How far is the airport from the town?**
Ni umbali gani kutoka mjini mpaka kiwanja cha ndege?

410. **How far is the airport from the hotel?**
Ni umbali gani kutoka hoteli mpaka kiwanja cha ndege?

411. **Is there a bus which goes to the airport?**
Kuna basi liendalo kiwanja cha ndege?

412. **Where do I get the bus?**
Wapi nitaweza kulipata basi (OR: Nitalipatia wapi basi)?

413. **At what time will the bus come for me?**
Basi litanipitia saa ngapi?

414. **At what time will the flight leave?**
Ndege itaondoka saa ngapi?

415. **Is there an earlier flight?**
Kuna ndege ya kabla ya hapo?

416. **Is there a later flight?**
Kuna ndege ya baada ya hapo?

417. **What is the flight number?**
Nini nambari ya ndege?

418. **Has the departure time been changed?**
Saa ya kuondokea imebadilishwa?

419. **Has the arrival time been changed?**
Saa ya kufikia imebadilishwa?

420. **At what time does the plane arrive?**
Ndege hufika saa ngapi?

421. **Is the plane from [Nairobi] late?**
Ndege ya [Nairobi] imechelewa (OR: imetaakhari)?

422. **Is the plane from [Nairobi] early?**
    Ndege ya [Nairobi] imefika mapema?

423. **When will the plane be able to leave?**
    Ndege itaweza kuondoka lini?

424. **How many kilos am I allowed to take?**
    Ninaruhusiwa kuchukua kilo ngapi?

425. **How much per kilo for excess?**
    Nini gharama ya kila kilo kwa uzito
    utakaozidi?

426. **Can I take this bag as my hand luggage?**
    Naweza kuchukua mfuko huu kuwa mzigo
    wangu wa mkononi?

427. **Is food served on the plane?**
    Chakula huandikiwa kwenye ndege?

428. **What gate should I go through?**
    Nipite mlango gani?

429. **Where do I wait for the next plane?**
    Ndege ya pili niingojee wapi?

430. **I am a transit passenger.**
    Mimi ninapita njia (OR: Mimi ni mpita
    njia).

431. **Fasten your safety belts, please.**
    Tafadhalini fungeni mikanda yenu ya hifadhi.

432. **Stewardess, I am air sick** (LIT.: **I feel
    bad**).
    Stuwadess, naona vibaya.

433. Will you give me [some pills]?
Utaweza kunipa [dawa ya vidonge]?

434. —— a paper bag.
—— mfuko wa karatasi.

435. —— a pillow.
—— mto.

436. —— a blanket.
—— blangeti.

437. Can I switch off the light?
Nizime taa?

438. I would like [something to drink].
Nitapenda [kitu (cha) kunywa].

439. —— a newspaper.
—— gazeti.

440. —— a magazine.
—— jarida.

441. I only want [tea].
Nataka [chai] tu.

TRAVEL BY BOAT

442. Bon voyage!
Nenda salama!

443. From what pier does the boat leave?
Meli itaondokea gati lipi?

444. **Is it time to go on board?**
Ni saa ya kupanda melini?

445. **All aboard, please.**
Kila mtu apande melini.

446. **Can I land at [Mwanza]?**
Naweza kuteremka [Mwanza]?

447. **How much time do we have here?**
Tunao muda gani hapa?

448. **Where is the captain?**
Nahodha (OR: Kepteni) yuko wapi?

449. **Where is the purser?**
Mtunza hazina yuko wapi?

450. **Where is the cabin steward?**
Msimamiaji kebin yuko wapi?

451. **Where is the upper deck?**
Deki (OR: Sitaha) ya juu iko wapi?

452. **Where is the lower deck?**
Deki (OR: Sitaha) ya chini iko wapi?

453. **Where is my cabin?**
Kebin yangu iko wapi (OR: Chumba changu
    kiko wapi)?

454. **Where is the dining room?**
Chumba cha kulia kiko wapi?

455. **Have you any pills for seasickness?**
Unavyo vidonge vya dawa ya kichefuchefu?

456. **I want [the lifeboat].**
Nataka [mashua ya kiopoleo].

457. **—— the life preserver.**
—— kihifadhi cha maisha.

458. **—— the life jacket.**
—— kizibao cha maisha.

459. **Where do I collect my luggage?**
Mizigo yangu nitaipatia wapi?

460. **When do we get off?**
Lini tutateremka?

TRAVEL BY TRAIN

461. **The arrival.**
Kufika.

462. **The departure.**
Kuondoka.

463. **All aboard.**
Nyote pandeni.

464. **Express (train).**
Treni isiyosita mahali.

465. **Local (train).**
Treni inayosita mahali.

466. **When does the train to [Nairobi] leave?**
Treni ya kwendea [Nairobi] itaondoka lini?

467. **Is the train from [Mombasa] late?**
Treni itokayo [Mombasa] imechelewa?

468. **Is the train on time?**
Treni imefika kwa wakati?

469. **My train leaves in [ten] minutes.**
Treni yangu inaondoka baada ya dakika [kumi].

470. **From what platform does the train leave?**
Treni (OR: Gari moshi) huondokea mahali gani?

471. **Does this train stop at [Voi]?**
Treni hii (OR: Gari moshi hili) husimama [Voi]?

472. **For how long does the train stop at [Voi]?**
Treni husimama [Voi] kwa muda gani?

473. **Please [open] close the window.**
Tafadhali [fungua] funga dirisha.

474. **Do you want me to [close] open the door?**
Unanitaka [nifunge] nifungue mlango?

475. **Are meals served on the train?**
Chakula huandikiwa kwenye treni?

476. **At what time are the meals served?**
Chakula huandikiwa wakati gani?

477. **Where is the dining car?**
Behewa la kulia liko wapi?

478. Where is the sleeper?
Behewa la kulalia liko wapi?

479. Where is the baggage car?
Behewa la mizigo liko wapi?

480. Where is the smoking car?
Behewa la kuvutia liko wapi?

481. May I smoke?
Nivute?

482. Will you look after my things?
Utanitazamia vitu vyangu?

483. Is this seat taken (LIT.: Has this seat someone)?
Kiti hiki kina mtu?

484. Is this seat vacant?
Kiti hiki hakina mtu?

TRAVEL BY BUS

485. What bus goes to [Magomeni]?
Basi lipi huendea [Magomeni]?

486. What bus must I take to get to [Uhuru Street]?
Nipande basi gani kwenda [barabara ya Uhuru]?

487. Where is the driver?
Dereva yuko wapi?

488. **Where is the conductor?**
Kondakta (OR: Utingo) yuko wapi?

489. **Where is the ticket collector?**
Mkusanyaji tikti yuko wapi?

490. **Do you pass near Msimbazi?**
Unapita karibu na Msimbazi?

491. **Is it possible to stop on the way?**
Safarini, mtu huweza kusimama mahali?

492. **Must I change buses?**
Nibadilishe basi?

493. **Where do you want to get off?**
Unataka kuteremka wapi?

494. **I want to get off at the next stop.**
Nataka kuteremka kituo cha pili.

495. **Will you please put these bags [inside]?**
Tafadhali yatie masanduku haya [ndani].

496. **How long do we stop here?**
Tutasimama hapa kwa muda gani?

497. **Get off here.**
Teremka hapa.

498. **Wait there for the other bus.**
Ngojea pale basi jingine.

499. **What number is the bus?**
Basi hilo ni nambari gani?

500. **At what time will the bus arrive?**
Basi hilo litafika wakati gani?

501. **Do I have to pay another fare?**
Itanibidi nilipe nauli nyingine?

502. **Do I get a transfer?**
Napata cheti cha kubadilisha basi?

503. **What should I pay?**
Nilipe kiasi gani?

504. **Wait here for another driver.**
Mngojeni hapa dereva mwingine. (to more than one)

TRAVEL BY TAXI

505. **Where can I get a taxi?**
Wapi naweza kupata teksi?

506. **Please call a taxi for me.**
Tafadhali niitie teksi.

507. **Please call a taxi for us.**
Tafadhali tuitie teksi.

508. **Are you free** (LIT.: **Are you not busy**)?
Huna kazi?

509. **What is the price per mile?**
Nini nauli ya kila maili moja?

510. **How much will the ride cost?**
Safari nzima itakuwa kiasi gani?

511. **I would like to see the town.**
Nitapenda kuuona mji.

512. **I would like to drive through the city for an hour.**
Nitapenda kuzunguka mjini kwa gari kwa muda wa saa moja.

513. **Drive [more] slowly, please.**
Tafadhali endesha polepole [zaidi].

514. **Drive faster.**
Endesha upesi zaidi.

515. **Can you stop here?**
Unaweza kusimama hapa?

516. **Wait for me, please.**
Tafadhali ningojee.

TRAVEL BY AUTOMOBILE

517. **Where can I get [a driver's license]?**
Wapi naweza kupata [laysensi ya motokaa (OR: cheti cha kuendeshea motokaa)]?

518. **I have an international driver's license.**
Nina laysensi ya mataifa.

519. **Where can I rent [a car]?**
Wapi naweza kukodi [gari (OR: motokaa)]?

520. —— **a motorcycle.**
—— pikipiki.

521. —— **a bicycle.**
—— baiskeli.

522. **What town is this?**
Mji gani huu?

523. **What village is this?**
Kijiji gani hiki?

524. **What suburb is this?**
Kiunga gani hiki?

525. **Which is the road to [Bagamoyo]?**
Njia ya [Bagamoyo] ni ipi?

526. **Where does this road go to?**
Njia hii inakwendea wapi?

527. **Is the road bad?**
Je njia hiyo ni mbaya?

528. **Is the road good?**
Njia hiyo ni nzuri?

529. **Is the road [paved]?**
Njia hiyo [imepigiliwa]?

530. —— **tarred.**
—— imetiwa lami.

531. **Can you show it to me on the road map?**
Utaweza kunionyesha kwenye ramani ya
njia?

532. **Where can I find [a gas station]?**
Wapi naweza kupata [stesheni ya petroli]?

533. —— **a garage.**
—— gereji* (OR: banda la gari).

* The form *garaji* is also used.

534. The tank is empty.
Tangi li tupu.

535. The tank is full.
Tangi limejaa.

536. How much does a gallon of gas cost?
Galani ya petroli ni bei gani?

537. Please put in ten gallons.
Tafadhali tia galani kumi.

538. Please fill the tank.
Tafadhali jaza tangi.

539. Change the oil, please.
Tafadhali badilisha mafuta.

540. Light oil.
Mafuta mepesi.

541. Please put water in the battery.
Tafadhali tia maji katika betri.

542. Recharge the battery.
Tia betri nguvu.

543. Lubricate the car.
Tia motokaa mafuta.

544. Clean the windshield.
Safisha kioo cha mbele.

545. Could you wash it soon?
Utaweza kuiosha kwa upesi?

546. **I wish to leave my car here for the night.**
Nitapenda kuliacha gari langu hapa kwa usiku huu.

547. **Can you recommend a good mechanic?**
Unaweza kunisifia fundi aliye hodari?

548. **Adjust the brakes.**
Rakibisha breki.

549. **Check the tires.**
Iangalie mipira.

550. **Put some air in the tires.**
Tia pumzi katika mipira.

551. **Can you repair a flat tire?**
Unaweza kutengeneza mpira uliopasuka?

552. **The car does not move.**
Gari haliendi.

553. **The motor overheats.**
Mtambo hushika moto sana.

554. **There is a grinding noise.**
Kuna sauti ya kukwereza.

555. **Something rattles.**
Kuna kitu kinacholialia.

556. **The tire has a slow leak.**
Mpira unavuja.

557. **The engine stalls.**
Mtambo (OR: Enjini) huzimikazimika.

558. May I park here for a few hours?
Naweza kuweka (OR: kuegesha) motokaa
(OR: gari) hapa kwa saa chache?

559. Is it all right to park the car here?
Yaruhusiwa kuweka motokaa hapa?

560. Do not park here.
Usiweke (OR: Usiegeshe) motokaa hapa.

561. Parking is not allowed here.
Hairuhusiwi kuweka (OR: kuegesha) motokaa
hapa.

562. Can you give me a lift to [Nairobi]?
Utaweza kunipakia kwenda [Nairobi]?

HELP ON THE ROAD

563. I am sorry to trouble you.
Nasikitika kukusumbua. (to one person)
Nasikitika kuwasumbueni. (to more than one)

564. My car has broken down.
Motokaa yangu imeharibika.

**565. Will you help me get it to the side of the
road?**
Utanisaidia kuiweka pembezoni mwa njia?
(to one person)
Mtanisaidia kuiweka pembezoni mwa njia?
(to more than one)

566. **My car has stopped; can you help me push it?**
Motokaa yangu imesimama, mtaweza kunisaidia kuisukuma? (to more than one)
Motokaa yangu imesimama; utaweza kunisaidia kuisukuma? (to one person)

567. **My car is stuck in the mud; can you help me get it out?**
Motokaa yangu imekwama matopeni; mtaweza kunisaidia kuitoa?

568. **It is in the ditch.**
Imo shimoni.

569. **It is in the garage.**
Imo bandani (OR: gereji).

570. **My car has run out of gas.**
Motokaa yangu imekwisha petroli.

571. **Could you give me some gas?**
Utaweza kunipa petroli kidogo?

572. **Can you help me change the tire?**
Utaweza kunisaidia kubadilisha mpira?

573. **Can you lend me [a jack]?**
Utaweza kuniazima [jeki (OR: kiinua gari)]?

574. **Can you take me to a garage?**
Utaweza kunipeleka gereji?

575. **Can you tow me?**
Utaweza kuifungasha motokaa yangu?

PARTS OF THE CAR

576. Accelerator.
Kikuza mwendo.

577. Battery.
Betri.

578. Bolt.
Parafujo.

579. Brake.
Kizuizo (OR: Kizuizi; OR: Breki).

580. Clutch.
Klachi.

581. Engine.
Mtambo (OR: Enjini).

582. Gear shift.
Kibadilisha mwendo.

583. Headlights [Taillights].
Taa za mbele [Taa za nyuma].

584. Horn.
Honi.

585. Ignition key.
Ufunguo wa enjini.

586. Nut.
Nati (OR: Skrubu).

587. Radiator.
Kipozaji joto (OR: Kikuzaji joto; OR: Redieta).

588. Spark plugs.
Nguruzi ya kimeta.

589. Spring.
Kamani (OR: Springi).

590. Starter.
Kianzisho.

591. Steering wheel.
Usukani.

592. Tire.
Mpira wa nje.

593. Spare tire.
Mpira wa akiba.

594. Tube.
Mpira wa ndani.

595. Wheel.
Gurudumu.

596. Front wheel.
Gurudumu la mbele.

597. Back wheel.
Gurudumu la nyuma.

598. Left wheel.
Gurudumu la kushoto.

599. **Right wheel.**
Gurudumu la kulia.

600. **Windshield wipers.**
Vipanguso vya kioo.

TOOLS AND EQUIPMENT

601. **Chain.**
Mnyororo.

602. **Crowbar.**
Mtalimbo (OR: Mtarimbo).

603. **Hammer.**
Nyundo.

604. **Jack.**
Kiinua gari (OR: Jeki).

605. **Knife.**
Kisu.

606. **Nail.**
Msumari.

607. **Pliers.**
Koleo.

608. **Rope.**
Kamba.

609. **Sack.**
Gunia.

610. Screw.
Parafujo (OR: Skrubu).

611. Screwdriver.
Bisibisi.

612. Spade.
Jembe.

613. Tire pump.
Bomba la (OR: Pampu ya) kujazia mpira (pumzi).

614. Wrench.
Teguo (OR: Spana kubwa).

ROAD SIGNS
(in Swahili alphabetical order)

615. Angalia (OR: **Tahadhari**).
Caution.

616. Barabara imepindapinda.
Winding road.

617. Daraja.
Bridge.

618. Daraja nyembamba.
Narrow bridge.

619. Endesha kwa uangalifu.
Drive carefully.

620. **Fuata kulia.**
Bear (OR: Keep) right.

621. **Fuata kushoto.**
Bear (OR: Keep) left.

622. **Hapana (OR: Marufuku) kupita.**
No passing.

623. **Hapana (OR: Hakuna) kuweka motokaa
(OR: Marufuku kuegesha motokaa).**
No parking.

624. **Hospitali.**
Hospital.

625. **Kipeo mwendo maili —— (OR: Kiasi cha
mwendo ulioamriwa ni ——).**
Maximum speed —— miles per hour.

626. **Kivuko cha reli (OR: Mahali pa kuvuka
reli).**
Railroad crossing.

627. **Kivuko punda milia.**
Zebra crossing.

628. **Likoni (OR: Kivukoni).**
Ferry.

629. **Mahali panatengenezwa.**
Construction.

630. **Marufuku kuingia.**
No thoroughfare (OR: No entry).

631. **Marufuku kupinda kulia.**
No right turn.

632. Marufuku kupinda kushoto.
No left turn.

633. Mgeuko mkali.
Sharp turn.

634. Mtelemko (OR: **Mteremko**).
Dip.

635. Mteremko (OR: **Mlima mkali**).
Steep grade (OR: Hill).

636. Mvua.
Rain.

637. Nenda.
Go.

638. Njia imefungwa.
Road closed.

639. Njia inatengenezwa.
Road repairs.

640. Njia moja.
One way.

641. Njia (OR: **Barabara**) **nyembamba.**
Narrow road.

642. Njia panda.
Crossroads.

643. Njia pindi (OR: **Barabara imepinda**).
Curve.

644. Njia pindi mbili.
Double curve.

645. **Pa kuwekea** (OR: **kuegeshea**) **magari.**
Parking.

646. **Polepole.**
Slow down.

647. **Punguza mwendo.**
Reduce speed.

648. **Shule** (OR: **Skuli**).
School.

649. **Simama** (OR: **Sita**).
Stop.

650. **Taa zinazoangazia chini.**
Dim lights.

651. **Taa zinazoongoza magari.**
Traffic lights.

652. **Toa njia.**
Yield.

653. **Tumia giya ya pili** (OR: **Tumia kibadilisho mwendo cha pili**).
Use second gear.

654. **Ukungu.**
Fog.

655. **Utelezi.**
Slippery.

656. **Zunguka** (OR: **Mzunguko**).
Detour.

PUBLIC NOTICES
(in Swahili alphabetical order)

657. Hapana kazi.
No work (OR: No hiring).

658. Hapana (ruhusa) kuingia (OR: **Marufuku kuingia**).
No admittance (OR: No entry).

659. Hapana (ruhusa) kupita (OR: **Marufuku kupita**).
No trespassing.

660. Hapana kutema mate.
No spitting.

661. Hapana (ruhusa) kuvuta (OR: **Marufuku kuvuta**).
No smoking.

662. Imefungwa.
Closed.

663. Inakodishwa (OR: **Inapangishwa**).
For rent.

664. Ingia.
Come in.

665. (Mlango wa) kuingilia.
Entrance.

666. (Mlango wa) kutokea.
Exit.

667. **Piga kengele.**
Ring (bell).

668. **Sukuma.**
Push.

669. **Tupu.**
Vacant.

670. **Usiteme mate.**
Don't spit.

671. **Usitupe taka.**
Don't litter.

672. **Usivute.**
Don't smoke.

673. **Vuta.**
Pull.

674. **Watu wanatakiwa ku ——.**
The public is requested to ——.

675. **Wazi.**
Open.

TELEPHONE

676. **Is there a telephone nearby?**
Kuna simu karibu na hapa?

677. **May I telephone from here?**
Nipige simu kutoka hapa?

678. Will you telephone for me?
Utanipigia simu?

679. I want to make a local call, number 22021.
Nataka kupiga simu ya hapa mjini, nambari 22021 (READ: mbili, mbili, sufuri, mbili, moja).

680. My number is 53476.
Nambari yangu ni 53476 (READ: tano, tatu, nne, saba, sita).

681. How much is a long-distance call to Zanzibar?
Kiasi gani simu ya nje ya kwendea Unguja?

682. The operator will call you.
Opareta atakwita.

683. Where is it from?
Inatoka wapi?

684. Hello, hello.
Halo, halo.

685. They do not answer.
Hawajibu.

686. The line is busy.
Simu ina kazi.

687. This is Mr. Ali speaking (LIT.: I am Ali).
Mimi Ali.

688. Please hold the line.
Tafadhali shika simu.

689. He is not at home.
Hayuko nyumbani.

690. Can I leave a message with you?
Naweza kukuagizia?

691. I will call back later.
Nitapiga simu tena halafu.

692. Please ask him to call this number.
Tafadhali mwambie apige simu nambari hii.

693. There is a telephone call for you.
Kuna simu yako.

TELEGRAM

694. I wish to send [a telegram].
Nataka kupeleka [simu (OR: telegrafu)].

695. —— a night letter.
—— barua ya usiku mmoja.

696. What is the word rate to New York?
Nini bei ya neno moja kupeleka New York?

697. How many words do you want to send?
Unataka kupeleka maneno mangapi?

698. I will pay for the reply.
Nitalipia majibu.

699. When will the telegram arrive?
Itafika simu lini?

700. **How long will it take?**
Itachukua muda gani?

POST OFFICE

701. **I am looking for a letter box.**
Natafuta sanduku la barua.

702. **To which window should I go?**
Niende dirisha lipi?

703. **I want to send this [by airmail].**
Nataka kupeleka kitu hiki [kwa ndege].

704. —— **by surface mail.**
—— kwa meli.

705. —— **by regular mail.**
—— kwa posta ya kawaida.

706. —— **by registered mail.**
—— kwa posta ya rejista.

707. —— **by parcel post.**
—— kwa posta ya mizigo.

708. —— **by special delivery.**
—— kwa stikbadhi maalumu (OR: speshal
dilivari).*

709. —— **by air freight.**
—— kwa uzito wa ndege.

* *Dilivari* is stressed on the second syllable, as in English.

710. **I would like to insure this package for 100/–.**
Nitapenda kupata bima ya kifurushi hiki kwa shilingi mia.

711. **Will it go out today?**
Kitakwenda leo?

712. **I want to send [a money order].**
Nataka kupeleka [hawala ya fedha (OR: manioda)].

713. **Please give me six stamps at 1/30 cents each.**
Tafadhali nipe stempu za shilingi moja na senti thelathini, sita.

714. **I want to collect my letter.**
Nataka kuchukua barua yangu.

HOTEL

715. **I am looking for [a good hotel].**
Natafuta [hoteli iliyo nzuri].

716. —— **the best hotel.**
—— hoteli iliyo bora kuliko zote.

717. —— **an inexpensive hotel.**
—— hoteli isiyokuwa ya ghali.

718. —— **a boarding house.**
—— nyumba ya wageni.

719. I want to be [in the center of town].
Nataka kuwa [kati ya mji].

720. —— where it is not noisy.
—— kusikokuwa na ghasia.

721. I would prefer to be near [the university].
Nitapendelea kuwa karibu na [chuo kikuu].

722. I have a reservation for today.
Nimefungisha chumba kwa hii leo.

723. Do you have [a room]?
Unacho [chumba]?

724. —— a single room.
—— chumba cha mtu mmoja.

725. —— a double room (for two persons).
—— chumba cha watu wawili.

726. I would like a room [for tonight].
Nitapenda chumba [kwa usiku wa leo].

727. —— for several days.
—— kwa siku chache.

728. —— for a week.
—— kwa juma (OR: wiki) moja.

729. —— with meals.
—— pamoja na chakula.

730. —— without meals.
—— bila ya chakula.

731. I want a room with [air conditioning].
Nataka chumba chenye [eyakandishan].

732. —— **a bath.**
—— choo cha kuogea.

733. —— **a shower.**
—— mfereji wa mvua.

734. —— **hot water.**
—— maji ya moto.

735. —— **a telephone.**
—— simu.

736. —— **television.**
—— televishen.

737. —— **a balcony.**
—— roshani.

738. —— **a double bed.**
—— kitanda cha watu wawili.

739. —— **twin beds.**
—— vitanda viwili.

740. **Have you [a room facing the sea]?**
Unacho [chumba chenye kuelekea bahari]?

741. —— **a front room.**
—— chumba cha mbele.

742. —— **a back room.**
—— chumba cha nyuma.

743. **What is the rate per day?**
Nini gharama ya kila siku moja?

744. **I would like to see the room.**
Ningependa kukiona hicho chumba.

745. **I do not like this one.**
Sikipendi hiki.

746. **Have you something [better] than this?**
Unacho kilicho [bora] kuliko hiki?

747. —— **larger.**
—— kikubwa zaidi.

748. —— **smaller.**
—— kidogo zaidi.

749. —— **cheaper.**
—— rahisi zaidi.

750. —— **with more light.**
—— na mwangaza zaidi.

751. **Higher floor.**
Ghorofa ya juu.

752. **Lower floor.**
Ghorofa ya chini.

753. **Upstairs.**
Juu.

754. **Downstairs.**
Chini.

755. **What is my room number?**
Nini nambari ya chumba changu?

756. **Is there an elevator?**
Kuna eliveta (OR: mtambo wa ngazi)?

757. **Give me [my room key], please.**
Tafadhali nipe [ufunguo wa chumbani kwangu].

758. —— **a registration form.**
—— karatasi ya kuandikisha.

759. Have you [a letter] for me?
Una [barua] yangu?

760. —— **a message.**
—— maagizo.

761. Please send [a servant].
Tafadhali nipelekee [mtumishi].

762. —— **a waiter.**
—— mwandishi.

763. —— **a porter.**
—— mchukuzi.

764. Who is it?
Nani?

765. I would like to have breakfast in my room.
Nitapenda kula chakula cha asubuhi chumbani (kwangu).

766. I am expecting [a guest].
Nataraji [mgeni].

767. —— **a telephone call.**
—— simu.

768. —— **a package.**
—— kifurushi.

769. Please forward my mail to [Nairobi].
Tafadhali zipeleke barua zangu [Nairobi].

770. —— to this place.
—— mahali hapa.

771. **When must I check out?**
Inanilazimu nifute jina lini?

772. **I want to speak to the manager.**
Nataka kusema na meneja (OR: mkurugenzi).

773. **I would like to get my bill.**
Nitapenda kupata hesabu yangu.

774. **Are the tax and room service included?**
Kodi na ujira wa kazi ni pamoja?

775. **Can I give you a check?**
Naweza kukupa cheki (OR: hundi)?

ROOM SERVANT

776. **I do not wish [to be disturbed].**
Sitaki [kughasiwa].

777. —— to be awakened.
—— kuamshwa.

778. **Do not wake me until eight o'clock.**
Usiniamshe mpaka saa mbili.

779. **The door does not lock well.**
Mlango haufungiki vizuri.

780. **The lock does not work well.**
Kitasa hakifungiki vizuri.

781. **It is too [cold] hot in the room.**
Kuna [baridi] joto sana humu chumbani.

782. **Please bring me [another blanket].**
Tafadhali niletee [blangeti jingine].

783. —— **a bath mat.**
—— mkeka wa chooni.

784. —— **clothes hangers.**
—— vidude vya kutundikia nguo.

785. —— **a glass.**
—— bilauri (OR: glasi).

786. —— **a pillow.**
—— mto.

787. —— **a pillow case.**
—— foronya.

788. —— **a mosquito net.**
—— chandarua (OR: chandalua).

789. —— **some towels.**
—— taula.

790. —— **a sheet.**
—— shuka.

791. —— **soap.**
—— sabuni.

792. —— **some washcloths.**
—— vitambaa vya kuoshea uso.

793. —— **toilet paper.**
—— karatasi za chooni.

794. —— **a fan.**
—— panka.

795. Could I have some laundry done?
Naweza kufua nguo? (LIT.: Can I wash
   clothes?)
Naweza kupiga pasi nguo? (LIT.: Can I iron
   clothes?)

796. Can I send clothes to the laundry?
Naweza kupeleka nguo kwa dobi?

797. Please change the sheets.
Tafadhali badilisha shuka.

798. Make my bed.
Tandika kitanda changu.

799. Bring me some [cold] drinking water.
Niletee maji ya kunywa [ya baridi].

800. Is there some hot water?
Kuna maji ya moto?

801. Is this water [clean]?
Maji haya [ni safi]?

802. —— **boiled.**
—— yamechemshwa.

803. Please spray for mosquitoes.
Tafadhali piga bomba kwa sababu ya mbu.

804. Please come back later.
Tafadhali rudi halafu.

APARTMENT

805. I am looking for [a furnished apartment].
Natafuta [nyumba iliyotandikwa].

806. —— an unfurnished apartment.
—— nyumba isiyotandikwa.

807. I want an apartment with [a bathroom].
Nataka nyumba yenye [choo cha kuogea].

808. —— a dining room.
—— chumba cha kulia.

809. —— a kitchen.
—— jiko.

810. —— two bedrooms.
—— vyumba viwili vya kulalia.

811. —— a living room.
—— chumba cha kuzungumzia.

812. Do you furnish [the linen]?
Mnatoa [nguo za kutandika]?

813. —— the dishes.
—— vyombo vya chakula.

814. —— the silverware.
—— vyombo vya kulia.

815. —— the cooking utensils.
—— vyombo vya kupikia.

816. **How much is it a month?**
Kodi gani kwa mwezi?

817. **Do you know [a good cook]?**
Unamfahamu (OR: Unamjua) [mpishi aliye hodari]?

818. —— **a housemaid.**
—— mtumishi wa kazi za nyumba.

819. **Is the payment for electricity included in this rent?**
Kodi hii ni pamoja na malipo ya taa (OR: Malipo ya taa ni pamoja na kodi hii)?

CAFÉ

820. **I'd like to drink some [tea].**
Nitapenda kunywa [chai].

821. —— **coffee.**
—— kahawa.

822. —— **fruit juice.**
—— maji ya matunda.

823. —— **orange juice.**
—— maji ya machungwa.

824. —— **pineapple juice.**
—— maji ya nanasi.

825. —— **tamarind juice.**
—— maji ya ukwaju.

826. —— **coconut milk.**
—— maji ya dafu.

827. **I would like to eat [shishkebab].**
Nitapenda kula [mshikaki (OR: mashakiki)].

828. —— **ice cream.**
—— ayskrimu.

829. —— **meat pasties.**
—— sambusa.

830. —— **bajia (cakes made of bean or lentil flour).**
—— bajia.

BAR

831. **Bartender, I would like [something to drink].**
Bwana, nitapenda [kunywa kitu].

832. —— **some Tusker beer.**
—— pombe (OR: biya) ya Taska.

833. —— **brandy.**
—— brandi.

834. —— **gin.**
—— jjin.

835. —— **whisky.**
—— wiski.

836. —— **champagne.**
—— shampeni.

837. **White wine.**
Mvinyo nyeupe.

838. **Red wine.**
Mvinyo nyekundu.

839. **A [small] large bottle of mineral water.**
Chupa [ndogo] kubwa ya soda.

840. **Waragi (an alcoholic drink).**
Waragi.

841. **Sweet sherry.**
Sheri tamu.

842. **Dry sherry.**
Sheri kavu.

843. **Let's have another.**
Tunywe nyingine.

844. **Get us another bottle.**
Tupatie chupa nyingine.

845. **To your health!**
Afya (OR: Kunywa kwa afya)!

RESTAURANT

846. **Can you recommend a good restaurant [for breakfast]?**
Unaweza kunisifia hoteli ya kula iliyo nzuri [kwa chakula cha asubuhi (OR: kwa kifungua kinywa)]?

847. —— **for lunch.**
—— kwa chakula cha mchana.

848. —— **for supper.**
—— kwa chakula cha jioni (OR: usiku).

849. —— **for getting a sandwich.**
—— kupatia sendwichi.

850. **At what time is the meal served?**
Chakula huandikiwa saa ngapi?

851. **At what time is dinner (LIT.: evening meal) served?**
Chakula cha jioni huandikiwa saa ngapi?

852. **Can we eat now?**
Tunaweza kula sasa?

853. **Can we wait for our friends?**
Tunaweza kuwangojea rafiki zetu?

854. **Are you my waiter?**
Wewe ndiye mwandishi wangu?

855. **The headwaiter.**
Mwandishi mkuu.

856. **Waiter!**
(Bwana) mwandishi!

857. **Give us a table [near the window].**
Tupe meza [karibu na dirisha].

858. —— **outside.**
—— ya nje.

859. —— **inside.**
—— ya ndani.

860. —— **at the side.**
—— ya ubavuni (OR: kandoni).

861. —— **in the corner.**
—— ya pembeni.

862. —— **for four persons.**
—— ya watu wanne.

863. **Please serve us quickly.**
Tafadhali tuandikie chakula kwa upesi.

864. **We want to order.**
Tunataka kuagizia chakula.

865. **What is the specialty of the day?**
Chakula kikubwa cha leo ni kipi?

866. **Please bring me [the menu].**
Tafadhali niletee [orodha ya vyakula].

867. —— **the wine list.**
—— orodha ya mvinyo.

868. —— **bread and butter.**
—— mkate na siagi.

869. —— **a fork.**
—— uma.

870. —— **a knife.**
—— kisu.

871. —— **a teaspoon.**
—— kijiko cha chai.

872. —— **a large spoon.**
—— kijiko kikubwa.

873. —— a napkin.
—— kitambaa cha mkono.

874. —— a plate.
—— sahani.

875. **This is not clean; it is dirty.**
Hii si safi; i chafu.

876. **I like [simple food].**
Napenda [chakula cha mfuto].

877. —— **Oriental food.**
—— chakula cha kimashariki.

878. —— **local food.**
—— chakula cha kienyeji.

879. **I want food that is [not too spicy].**
Nataka chakula [kisichokuwa na bizari nyingi].

880. —— **not too hot.**
—— kisichokuwa na pilipili nyingi.

881. —— **not too sweet.**
—— kisichbkuwa kitamu sana.

882. —— **not too sour.**
—— kisichokuwa kikali sana.

883. —— **not too tough.**
—— kìsichokuwa kigumu sana.

884. **Give us food without too much fat.**
Tupe chakula kisichokuwa na mafuta mengi.

885. **A little more, please.**
Tafadhali ongeza kidogo.

886. **A little less, please.**
Tafadhali punguza kidogo.

887. **I've had enough.**
Nimeshiba.

888. **I've had too much.**
Nimekula mno.

889. **I like the meat [rare].**
Napenda nyama [isipikike sana].

890. —— **medium.**
—— ipikike kiasi.

891. —— **well done.**
—— ipikike sana.

892. **This is overcooked.**
Hii imeiva mno.

893. **This is undercooked.**
Hii haijaiva.

894. **This is cold.**
Hii i baridi.

895. **Take it away, please.**
Tafadhali iondoe.

896. **I did not order this.**
Sikuagizia kitu hiki.

897. **May I change this for a salad?**
Nibadilishe kitu hiki kwa saladi?

898. The check, please.
Tafadhali niletee hesabu.

899. Is the service charge included?
Malipo ya uandikiaji ni katika hesabu hii?

900. Is the tip included?
Bahashishi ni katika hesabu hii?

901. I think there is a mistake in the bill.
Nafikiri mna makosa katika hesabu hii.

902. What are these charges for?
Malipo haya ni kwa kitu gani?

903. The food and service were excellent.
Chakula pamoja na uandikiaji wake vyote
vilikuwa vizuri kabisa.

904. This is for you.
Hizi ni zako.

905. Hearty appetite!
Kula kwa afya!

BREAKFAST

906. May I have [a beverage]?
Naweza kupata [kinywaji]?

907. —— grape juice.
—— maji ya zabibu.

908. —— tomato juice.
—— maji ya tungule.

909. —— **a piece of papaya (pawpaw).**
—— kipande cha papai.

910. —— **porridge (hot cereal).**
—— uji.

911. —— **toast and jam.**
—— tosti na jamu.

912. —— **an omelet.**
—— kiwanda.

913. —— **soft-boiled eggs.**
—— mayai ya kuchemsha yaliyo laini.

914. —— **a four-minute egg.**
—— yai la dakika nne.

915. —— **hard-boiled eggs.**
—— mayai ya kuchemsha yaliyo magumu.

916. —— **fried egg.**
—— yai la kukaanga.

917. —— **scrambled eggs.**
—— mayai ya kuvuruga.

918. **Please bring me some [sugar].**
Tafadhali niletee [sukari].

919. —— **salt.**
—— chumvi.

920. —— **pepper.**
—— pilipili manga.

921. —— **milk.**
—— maziwa.

922. —— **cream.**
—— krimu.

SOUPS AND ENTRÉES

923. **Chicken soup.**
Supu ya kuku.

924. **Vegetable soup.**
Supu ya mboga.

925. **Beef.**
Nyama ya ng'ombe.

926. **Roast beef.**
Rost biif (OR: Nyama ya kuchoma).

927. **Steak.**
Stek.

928. **Veal.**
Nyama ya ndama.

929. **Fish.**
Samaki.

930. **Bream.**
Samaki wa changu.

931. **Cod.**
Chewa.

932. **Kingfish.**
Nguru.

933. **Shark.**
Papa.

934. **Crab meat.**
Nyama ya kaa.

935. **Lobster.**
Pweza.

936. **Oysters.**
Chaza.

937. **Shrimp.**
Kamba.

938. **Sardines.**
Dagaa.

939. **Liver.**
Maini.

940. **Pork.**
Nyama ya nguruwe.

941. **Broiled** (OR: **Roast**) **chicken.**
Kuku wa kuchoma.

942. **Fried chicken.**
Kuku wa kukaanga.

943. **Duck.**
Bata.

944. **Goose.**
Bata wa bukini.

945. **Goat's meat.**
Nyama ya mbuzi.

946. **Lamb.**
Nyama ya kondoo.

947. **Curry.**
Mchuzi.

948. **Meat curry.**
Mchuzi wa nyama.

949. **Chicken curry.**
Mchuzi wa kuku.

950. **Sausage.**
Sosej.

951. **(Cooked) rice.**
Wali.

952. **Plantains (cooked).**
Ndizi (OR: Matoke).

953. **Cheese.**
Jibini.

954. **Sour cream.**
Maziwa ya kuganda.

955. **Buttermilk.**
Mtindi.

CONDIMENTS

956. **Vinegar.**
Siki.

957. Mustard.
Hardali.

958. Onions.
Vitunguu.

959. Onions in vinegar.
Kachumbari.

960. Pickle.
Achari.

961. Chutney.
Chatini (OR: Chatni).

962. Catsup.
Kechap.

963. Pepper (red or green).
Pilipili shamba. (large)
Pilipili hoho. (small)

VEGETABLES AND SALAD

964. Asparagus.
Asparagas.

965. Beans.
Kunde.

966. Breadfruit.
Shelisheli (PLURAL: Mashelisheli).

967. Cabbage.
Kebeji.

968. **Carrots.**
Karoti.

969. **Cassava.**
Muhogo.

970. **Corn.**
Muhindi.

971. **Cauliflower.**
Koliflawa (OR: Karnabiti).

972. **Cucumber.**
Tango (PLURAL: Matango).

973. **Eggplant.**
Biringani (PLURAL: Mabiringani).

974. **Lady's finger (okra).**
Bamia.

975. **Lettuce.**
Letas.

976. **Mushrooms.**
Uyoga.

977. **Millet.**
Mtama.

978. **Peas.**
Mbaazi (OR: Pizi).

979. **Plantains (raw).**
Ndizi mbichi. (unripe)
Ndizi mbivu. (ripe)

980. **Potatoes.**
Viazi (OR: Mbatata).

981. **Boiled potatoes.**
Viazi vya kuchemsha (OR: Mbatata za kuchemsha).

982. **Fried potatoes.**
Viazi vya kukaanga (OR: Mbatata za kukaanga).

983. **Mashed potatoes.**
Viazi vya kuvuruga.

984. **Sweet potatoes.**
Viazi vitamu.

985. **Radish leaves.**
Figili.

986. **Uncooked rice.**
Mchele.

987. **Spinach.**
Mchicha.

988. **Tomatoes.**
Tungule (OR: Nyanya).

FRUIT

989. **Apple.**
Tufaa.

990. **Apricot.**
Mishmishi.

991. **Banana(s).**
Ndizi.

992. **Coconut(s).**
Nazi.

993. **Dates.**
Tende.

994. **Durian.**
Doriani (PLURAL: Madoriani).

995. **Figs.**
Tini.

996. **Grapes.**
Zabibu.

997. **Grapefruit.**
Balungi (PLURAL: Mabalungi).

998. **Guava.**
Pera (PLURAL: Mapera).

999. **Jackfruit.**
Fenesi (PLURAL: Mafenesi).

1000. **Lemon.**
Limau (PLURAL: Malimau).

1001. **Lime(s).**
Ndimu.

1002. **Mango.**
Embe (PLURAL: Maembe).

1003. **Papaya (Pawpaw).**
Papai (PLURAL: Mapapai).

1004. **Peach.**
Pichi.

1005. **Pear.**
Peya (PLURAL: Mapeya).

1006. **Pineapple.**
Nanasi (PLURAL: Mananasi).

1007. **Raspberries.**
Fursadi.

1008. **Tangerine.**
Chenza. (large)
Kangaja. (small)

1009. **Rambutans** (OR: **Lychees**).
Shokishoki.

BEVERAGES

1010. **I will drink [a cup of black coffee].**
Nitakunywa [kahawa isiyokuwa na maziwa
kikombe kimoja].

1011. —— **coffee with milk.**
—— kahawa yenye maziwa.

1012. **A glass of milk.**
Gilasi la maziwa.

1013. **A pot of tea.**
Buli la chai.

1014. **Hot chocolate.**
Chakleti (OR: Koko iliyo moto).

1015. **Lemonade.**
Maji ya limau.

1016. **Sherbet.**
Sharbati.

1017. **Water with ice.**
Maji yenye barafu.

1018. **Water without ice.**
Maji yasiyokuwa na barafu.

DESSERTS

1019. **May I have [some cake]?**
Tafadhali nipe [keki].

1020. **A fruitcake.**
Keki ya matunda.

1021. **Cookies.**
Biskuti.

1022. **Custard.**
Kastad.

1023. **Halva.**
Haluwa.

1024. **Chocolate ice cream.**
Ayskrimu ya chakleti.

1025. **Vanilla ice cream.**
Ayskrimu ya vanila.

1026. **Sweet balls (a pastry).**
Kaimati.

1027. **Sweet pasties.**
Maandazi.

1028. **Egg pudding.**
Pudin ya mayai.

SIGHTSEEING

1029. **Where can I rent [a car]?**
Wapi naweza kukodi [motokaa]?

1030. —— **a bicycle.**
—— baiskeli.

1031. —— **a motorboat.**
—— mataboti.

1032. —— **a jeep.**
—— jip.

1033. **I want a guide who speaks English.**
Nataka kiongozi asemaye Kiingereza.

1034. **What do you charge [per hour]?**
Unatoza kiasi gani [kwa saa]?

1035. —— **per day.**
—— kwa siku.

1036. **Show me all the places of interest.**
Nionyeshe mahali pote pa kupendeza.

1037. **I am interested in [architecture].**
Ninapenda kuona [kazi za ujenzi].

1038. —— **native arts and crafts.**
—— sanaa na kazi nyingine za mkono za
kienyeji.

1039. —— **painting.**
—— uchoraji.

1040. —— **ruins.**
—— magofu.

1041. —— **sculpture.**
—— uchongaji.

1042. ——- **archeology.**
——- uchimbuzi.

1043. **What is the fare for a trip to [the
mountain]?**
Nini nauli ya safari ya kwendea [mlimani]?

1044. —— **the park.**
—— mbugani.

1045. —— **the president's house.**
—— ikulu.

1046. —— **the parliament.**
—— bungeni.

1047. —— **the lake.**
—— ziwani.

1048. —— **the beach.**
—— pwani.

1049. —— **the museum.**
—— jumba la taifa (OR: makumbusho).

1050. —— **the factories.**
—— viwandani.

1051. —— **the market.**
—— sokoni (OR: marikiti).

1052. —— **the mosque.**
—— msikitini.

1053. —— **the cathedral.**
—— kanisa kuu.

1054. —— **the library.**
—— maktabani.

1055. **If we have time we shall visit the museums.**
Kama tuna wakati tutazitembelea makumbusho (OR: tutayatembelea majumba ya taifa).

1056. **When does this museum [open] close?**
Jumba la taifa hili [hufunguliwa] hufungwa lini?

1057. **How long does it stay open?**
Huwa wazi kwa muda gani?

1058. **What is the admission fee?**
Kiingilio ni kiasi gani?

1059. **May I take photographs?**
Nipige picha?

1060. **Where is the entrance?**
Mlango wa kuingilia uko wapi?

1061. **Where is the exit?**
Mlango wa kutokea uko wapi?

1062. **We would like to stop here and see the view for a minute.**
Tutapenda tusimame hapa ili tuangalie mandhari kwa dakika chache.

1063. **Do you sell [postcards]?**
Unauza [postkadi]?

1064. —— **souvenirs.**
—— vikumbukumbu (OR: vitu vya ukumbusho).

1065. **Have you a book in English about [Zanzibar]?**
Una kitabu kilichoandikwa kwa Kiingereza juu ya [Unguja] (OR: Una kitabu juu ya [Unguja] kilichoandikwa kwa Kiingereza)?

1066. **Take me back to the hotel, please.**
Tafadhali nirudishe hoteli.

1067. **Go back by way of ——.**
Rudi kwa njia ya ——.

RELIGIOUS SERVICES

1068. **Where is the nearest church?**
Kanisa la karibu liko wapi?

1069. **Where is the nearest Catholic church?**
Kanisa la Kikatholiki la karibu liko wapi?

1070. **Where is the nearest Protestant church?**
Kanisa la Kiprotestant la karibu liko wapi?

1071. **Where is the nearest mosque?**
Msikiti wa karibu uko wapi?

1072. **Synagogue.**
Hekalu (OR: Sinagogi).

1073. **Temple.**
Hekalu.

1074. **Is there an English-speaking [minister] priest?**
Yuko [kasisi] kahini asemaye Kiingereza?

1075. **At what time is the service?**
Sala ni wakati gani?

1076. **The Friday prayer.**
Sala ya Ijumaa.

1077. **The Sunday Mass.**
Misa ya Jumapili.

1078. **The caller to prayer (muezzin).**
Muadhini.

1079. **Holy scripture.**
Maandiko matakatifu.

1080. **Bible.**
Biblia.

1081. **Koran (Qur'ān).**
Kurani (OR: Msahafu).

1082. **Gospel.**
Injili.

1083. **Who worships at this place?**
Nani huabudu mahali hapa?

1084. **How many different religions are in this country?**
Kuna dini za namna mbalimbali ngapi humu nchini?

AMUSEMENTS

1085. **I would like to go to [a concert].**
Nitapenda kwenda [mchezoni].

1086. —— **the ballet.**
—— balee.

1087. —— **folk dances.**
—— kwenye ngoma za kienyeji.

1088. —— **a night club.**
—— nayt klabu (OR: nyumba ya starehe).

1089. —— the movies.
—— sinema.

1090. —— the opera.
—— opra.

1091. —— the initiation dance.
—— unyagoni. (for girls)
—— jandoni. (for boys)

1092. —— the theater.
—— jumba la michezo.

1093. I would like to see [a play].
Nitapenda kuona [mchezo wa kuigiza].

1094. —— a Ngonjera play.
—— (mchezo wa) Ngonjera.

1095. What is playing tonight?
Kuna mchezo gani leo usiku?

1096. Have you any seats for tonight?
Una viti vyovyote kwa jioni ya leo?

1097. What is the minimum charge?
Kiingilio cha chini kabisa ni kiasi gani?

1098. Will I be able to [see] hear well from here?
Nitaweza [kuona] kusikia vizuri kutoka hapa?

1099. How much is [an orchestra seat]?
Kiasi gani tikti ya [kiti cha okestra]?

1100. —— a balcony seat.
—— kiti cha roshani.

1101. **Not too far from the stage.**
Si mbali mno na jukwaa.

1102. **May I have a program?**
Naweza kupata karatasi ya mpango wa
michezo?

1103. **When does the play start?**
Mchezo huanza lini?

1104. **How long is the intermission?**
Kituo cha mapumziko ni kwa muda gani?

1105. **The show was [interesting].**
Tamasha ilikuwa ni ya [kupendeza].

1106. —— **funny.**
—— kuchekesha.

1107. **Where can we go to dance?**
Twende tukadansi wapi (OR: Twende
tukacheze dansa wapi)?

1108. **May I have this dance?**
Nicheze na wewe dansa hii?

1109. **Will you play [a waltz]?**
Utapiga mdundo wa [wolzi]?

1110. —— **a high life.**
—— haylayfu.*

* Local dances include the *likembe* and the *likembe mahoka*.
The English names are used in Swahili for the fox trot,
mambo, rumba, samba and tango.

1111. —— **soul music.**
—— muziki wa moyo.

1112. **The music is excellent.**
Muziki huu ni mzuri kabisa.

SPORTS*

1113. **I'd like to play [soccer].**
Nitapenda kucheza [futboli (OR: mpira)].

1114. —— **basketball.**
—— mpira wa vikapu (OR: netbol).

1115. —— **volleyball.**
—— volibol (OR: mpira wa mikono).

1116. —— **golf.**
—— gofu.

1117. **Let's go swimming.**
Twende tukaogelee pwani.

1118. **Let's go to [the swimming pool].**
Twende kwenye [hodhi la kuogelea].

1119. —— **the horse races.**
—— mashindano ya farasi.

1120. **Let's go hunting.**
Twende tukawinde.

* The English names are used (with slight adaptation to Swahili pronunciation) for hockey, tennis and cricket. Ping pong is spoken of as "table tennis."

1121. I need [some golf clubs].
Nahitaji [fimbo za gofu].

1122. —— a tennis racket.
—— bao la tennis.

1123. —— some fishing tackle.
—— vifaa vya baharini.

1124. Can we go [fishing]?
Tunaweza kwenda [kuvua]?

1125. —— swimming.
—— kuogelea.

1126. —— horseback riding.
—— kupanda farasi.

1127. —— mountain climbing.
—— kupanda mlima.

BANK AND MONEY

1128. Where is the nearest bank?
Bengi ya karibu iko wapi?

1129. At which window can I cash this check?
Dirisha lipi naweza kubadilisha hundi hii?

1130. Will you cash a check?
Utabadilisha cheki (OR: hundi)?

1131. I have [a bank draft].
Nina [hawali ya bengi].

1132. —— **a letter of credit.**
—— hati ya fedha.

1133. —— **a credit card.**
—— kadi ya fedha.

1134. —— **a savings account.**
—— hesabu ya akiba.

1135. —— **a current (checking) account.**
—— hesabu ya kutumia hundi.

1136. **What is the exchange rate on the dollar?**
Dola moja ni kiasi gani kwa fedha za hapa?

1137. **I would like to exchange [American money].**
Nitapenda kubadilisha [fedha za Kiamerika (OR: Kimarekani)].

1138. —— **twenty dollars.**
—— dola ishirini.

1139. **Please change this [for large bills].**
Tafadhali nibadilishie hii [kwa noti kubwa].

1140. —— **for small bills.**
—— kwa noti ndogo.

1141. —— **for small change.**
—— kwa sarafu.

1142. **I want to send fifty dollars to the United States.**
Nataka kupeleka dola khamsini Amerika.

1143. **I want to buy [traveler's checks].**
Nataka kununua [huņdi za msafiri (OR: trevlazcheks)].

1144. **East African currency.**
Fedha za Afrika ya Mashariki.

1145. **Shilling (= 14 cents U.S.).**
Shilingi.

SHOPPING

1146. **I want to go shopping.**
Nataka kwenda madukani.

1147. **Please take me to the shopping center.**
Tafadhali nipeleke sehemu ya madukani.

1148. **I need some things.**
Ninahitaji baadhi ya vitu.

1149. **Is there any one here who speaks English?**
Kuna anayesema Kiingereza hapa?

1150. **I am only looking around.**
Natazama tu.

1151. **May I speak to [the owner]?**
Nitapenda kusema na [mwenye duka]?

1152. —— **a sales person.**
—— muuzaji.

1153. **How much is it [per piece]?**
Ni bei gani [kila kimoja]?

1154. —— **per meter.**
—— kila mita.

1155. —— **per yard.**
—— kila yadi.

1156. —— **per pound.**
—— kila ratli.

1157. —— **per kilo.**
—— kila kilo.

1158. —— **per package.**
—— kila kifurushi.

1159. —— **per mound.**
—— kila kifungu.

1160. —— **per box.**
—— kila sanduku.

1161. —— **per bunch.**
—— kila fungu (OR: tita; chane; shada).

1162. —— **all together.**
—— vyote pamoja.

1163. **It is too expensive.**
Ni ghali mno.

1164. **It is [cheap].**
Ni [rahisi].

1165. —— **reasonable.**
—— kiasi.

1166. **Is that your lowest price?**
Hiyo ni bei yako ya mwisho?

1167. **Is there a discount?**
Kuna kipunguzi bei?

1168. **Can I get a guarantee?**
Naweza kupata kithibitisho?

1169. **I do not like that.**
Sikipendi kile.

1170. **I prefer something [better].**
Ninahiari kilicho [bora zaidi].

1171. —— **cheaper.**
—— rahisi zaidi.

1172. —— **finer.**
—— nyembamba zaidi.

1173. —— **plainer.**
—— mfuto zaidi.

1174. —— **softer.**
—— laini zaidi.

1175. —— **stronger.**
—— yenye nguvu zaidi.

1176. —— **looser.**
—— yenye kupwaya zaidi.

1177. —— **tighter.**
—— yenye kukaza (OR: kubana) zaidi.

1178. —— **of medium size.**
—— yenye ukubwa wa kiasi.

1179. **Show me some others [in a different style].**
Nionyeshe nyingine [zenye umbo tofauti].

1180. —— **in different colors.**
—— katika rangi mbalimbali.

1181. **May I try this one?**
Nijaribu hii?

1182. **Will it fade?**
Itakwajuka?

1183. **Will it shrink?**
Itaruka?

1184. **It is not becoming to me.**
Hainipendezi.

1185. **It does not fit me.**
Hainifai.

1186. **May I order one?**
Naweza kuagizia moja?

1187. **How long will the alterations take?**
Itachukua muda gani kuitengeneza?

1188. **I shall come back [later] soon.**
Nitarudi [halafu] upesi.

1189. **Please wrap this.**
Tafadhali ifunge hii.

1190. **I shall take it with me.**
Nitaichukua mwenyewe.

1191. **Whom do I pay, the cashier?**
Namlipa nani, karani (OR: mshika hisabu)?

1192. **Can it be delivered to my hotel?**
Naweza kupelekewa hoteli?

1193. **Pack it for export.**
Funga kwa ajili ya kusafirisha.

1194. **Ship it by ordinary mail to New York.**
Usafirishe New York kwa meli.

1195. **This parcel is [fragile].**
Furushi hili lina vitu vya [kuvunjika].

1196. —— **perishable.**
—— kuharibika.

1197. **Please give me [a bill].**
Tafadhali nipe [hesabu (OR: bili)].

1198. —— **a receipt.**
—— cheti cha stikbadhi.

1199. **I shall pay when it is delivered.**
Nitalipa utakapofikishwa.

1200. **Are there any other charges?**
Kuna malipo mengine?

MEASUREMENTS

1201. **Please take my measurements.**
Tafadhali chukua kipimo changu.

1202. **What is the size?**
Ukubwa gani?

1203. What is the length?
Urefu gani?

1204. What is the width?
Upana gani?

1205. What is the weight?
Uzito gani?

1206. It is [five] yards.
Ni yadi [tano].

1207. How long is this?
Hii ina urefu gani?

1208. Small.	**Smaller.**
Ndogo.	Ndogo zaidi.
1209. Large.	**Larger.**
Kubwa.	Kubwa zaidi.
1210. High (OR: **Long**).	**Higher** (**Longer**).
Refu (OR: Ndefu).	Refu (Ndefu) zaidi.
1211. Low (OR: **Short**).	**Lower** (**Shorter**).
Fupi.	Fupi zaidi.
1212. Thin (OR: **Narrow**).	**Thinner** (**Narrower**).
Nyembamba.*	Nyembamba zaidi.
1213. Thick.	**Thicker.**
Nene.	Nene zaidi.

* For a thin *person* or *animal*, use the form *mwembamba*.

1214. **Wide.**
Pana.

    Wider.
Pana zaidi.

1215. **Old.**
Kukuu.

    Older.
Kukuu zaidi.

1216. **New.**
Mpya.

    Newer.
Mpya zaidi.

COLORS

1217. **I want [a lighter shade].**
Nataka [rangi ya mwangaza].

1218. —— **a darker shade.**
—— rangi ya giza.

1219. **What color do you like?**
Unapenda rangi gani?

1220. **Black.**
Nyeusi.

1221. **Brown.**
Kahawia.

1222. **Blue.**
Buluu.

1223. **Cream.**
Rangi ya maziwa.

1224. **Grey.**
Kijivujivu.

1225. Green.
Kijani (OR: Majani).

1226. Orange.
Manjano mabivu.

1227. Pink.
Wardi.

1228. Purple.
Zambarau.

1229. Red.
Nyekundu.

1230. White.
Nyeupe.

1231. Yellow.
Manjano.

STORES

1232. Where can I find [an antique shop]?
Wapi naweza kupata [duka lenye vitu vya asili (OR: kale)?

1233. —— a bakery.
—— tanuri (OR: mahali panapofanyiwa mikate).

1234. —— a bookshop.
—— duka la vitabu.

1235. —— **a butcher.**
—— muuzaji nyama.

1236. —— **a candy shop.**
—— duka la peremende.

1237. —— **a cigar store.**
—— duka la sigara.

1238. —— **a clothing store.**
—— duka la nguo.

1239. —— **a dressmaker.**
—— mshoni.

1240. —— **a drugstore.**
—— duka la madawa.

1241. —— **a florist.**
—— duka la maua.

1242. —— **a fruit store.**
—— duka la matunda.

1243. —— **a grocery.**
—— duka la vyakula.

1244. —— **a hardware store.**
—— duka la vyombo vya chuma.

1245. —— **a hat shop.**
—— duka la kofia.

1246. —— **a jewelry store.**
—— duka la sonara.

1247. —— **a market.**
—— soko (OR: marikiti).

1248. —— a music store.
—— duka la muziki.

1249. —— a photography store.
—— duka la mpiga picha.

1250. —— a shoemaker.
—— mshonaji viatu.

1251. —— a shoe store.
—— duka la viatu.

1252. —— a spice store.
—— duka la viungo (OR: duka la bizari).

1253. —— a supermarket.
—— supamaket.

1254. —— a tailor.
—— mshoni.

1255. —— a toy store.
—— duka la michezo.

1256. —— a vegetable store.
—— duka la mboga.

1257. —— a watchmaker.
—— mtengenezaji saa.

CLOTHING STORE

1258. I want to buy [a bathing cap].
Nataka kununua [kofia ya kuogelea].

1259. —— **a bathing suit.**
—— kiogeo (OR: nguo ya kuogelea).

1260. —— **a blouse.**
—— blauzi.

1261. —— **a brassiere.**
—— sidiria.

1262. —— **a coat.**
—— koti.

1263. —— **a collar.**
—— ukosi.

1264. —— **diapers.**
—— winda za mtoto.

1265. —— **a dress.**
—— kanzu (OR: gauni).

1266. —— **children's dresses.**
—— kanzu za watoto.

1267. —— **a pair of garters.**
—— jozi ya ukanda wa soksi.

1268. —— **a girdle.**
—— mkaja.

1269. —— **a pair of gloves.**
—— jozi ya vifuniko vya mkono.

1270. —— **a handbag.**
—— mkoba (OR: mfuko).

1271. —— **a dozen handkerchiefs.**
—— anchifu darzeni moja.

1272. —— **a hat.**
—— kofia (OR: chepeo).

1273. —— **a jacket.**
—— koti (OR: jeket).

1274. —— **a necktie.**
—— tai.

1275. —— **a nightgown.**
—— nguo ya kulalia.

1276. —— **pajamas.**
—— pajama.

1277. —— **panties.**
—— suruali.

1278. —— **a raincoat.**
—— koti la mvua.

1279. —— **a lady's scarf.**
—— leso.

1280. —— **a man's scarf.**
—— kitambaa cha shingo cha mwanamume.

1281. —— **a shirt.**
—— shati.

1282. —— **a pair of shoes.**
—— jozi ya viatu.

1283. —— **a shoelace.**
—— uzi wa viatu.

1284. —— **shorts.**
—— suruali kipande (OR: kaptura).

1285. —— **a skirt.**
—— skati.

1286. —— **a slip.**
—— shumizi.

1287. —— **leather slippers.**
—— sapatu (OR: viatu vya ngozi).

1288. —— **wooden slippers.**
—— viatu vya miti.

1289. —— **two pairs of socks.**
—— jozi mbili za soksi.

1290. —— **six pairs of stockings.**
—— jozi sita za stoking.

1291. —— **a man's suit.**
—— suti ya mwanamume.

1292. —— **a sweater.**
—— suweta.

1293. —— **a pair of trousers.**
—— suruali ndefu.

1294. —— **undershirts.**
—— fulana.

1295. —— **undershorts.**
—— suruali ya ndani.

DRUGSTORE

1296. **Is there a drugstore near here?**
Kuna duka la madawa karibu na hapa?

1297. **I want to be served by a [lady] man.**
Nataka nisaidiwe na [mwanamke] mwanamume.

1298. **Can you fill this prescription immediately?**
Utaweza kunitayarishia dawa hizi kwa haraka?

1299. **Do you have [this kind of medicine]?**
Unayo [dawa ya namna hii]?

1300. —— **adhesive tape.**
—— utepe wa kugandisha (OR: selotep).

1301. —— **aftershave lotion.**
—— loshan (OR: mafuta ya baada ya kunyoa).

1302. —— **alcohol.**
—— pombe ya dawa.

1303. —— **antiseptic.**
—— dawa izuiayo kuoza.

1304. —— **aspirin.**
—— asprini.

1305. —— **bandages.**
—— kitambaa cha kufungia.

1306. —— **bicarbonate of soda.**
—— karbonet ya soda.

1307. —— **boric acid.**
—— asidi ya (OR: ukali wa) borik.

1308. —— **a comb.**
—— kitana.

1309. —— **cold cream.**
—— krimu baridi.

1310. —— **face cream.**
—— krimu ya uso.

1311. —— **hair cream.**
—— krimu ya nywele.

1312. —— **shaving cream.**
—— krimu ya ndevu.

1313. —— **skin cream.**
—— krimu ya ngozi.

1314. —— **corn pads.**
—— vifuniko vya visugu vya miguu.

1315. —— **a deodorant.**
—— kitoaji harufu.

1316. —— **a depilatory.**
—— kitoaji nywele.

1317. —— **ear stoppers.**
—— vizibo vya masikio.

1318. —— **eyewash.**
—— dawa ya kuoshea macho.

1319. —— **facial tissue.**
—— karatasi za uso.

1230. —— **gauze.**
—— shashi.

1321. —— **hand lotion.**
—— krimu ya mkono.

1322. —— **hairbrush.**
—— brashi ya nywele.

1323. —— **hair pins.**
—— pini za nywele.

1324. —— **a hot water bottle.**
—— kiriba (OR: mfuko wa maji ya moto).

1325. —— **an ice bag.**
—— mfuko wa barafu.

1326. —— **insect repellent.**
—— dawa ya wadudu.

1327. —— **iodine.**
—— aydini.

1328. —— **a laxative.**
—— haluli.

1329. —— **lipstick.**
—— rangi ya mdomo.

1330. —— **a medicine dropper.**
—— kidude cha kutilia dawa.

1331. —— **a mouthwash.**
—— dawa ya kusukutuwa.

1332. —— **a nail file.**
—— tupa ya kucha.

1333. —— **nail polish.**
—— rangi ya kucha.

1334. —— **nail polish remover.**
—— dawa ya kutolea rangi kucha.

1335. —— **powder.**
—— podari (OR: poda).

1336. —— **face powder.**
—— podari ya uso.

1337. —— **talcum powder.**
—— podari ya talk (OR: podari ya mwili).

1338. —— **a razor.**
—— wembe.

1339. —— **a package of razor blades.**
—— sanduku la nyembe.

1340. —— **rouge.**
—— rangi ya mashavu.

1341. —— **safety pins.**
—— pini.

1342. —— **sanitary napkins.**
—— pamba za mwezi.

1343. —— **a sedative.**
—— dawa ya usingizi.

1344. —— **smelling salts.**
—— chumvi ya kunusa.

1345. —— **soap.**
—— sabuni.

1346. —— **soap flakes** (OR: **powder**).
—— sabuni ya unga.

1347. —— **a pair of sunglasses.**
       —— miwani ya jua.

1348. —— **sunburn ointment.**
       —— marhamu ya jua.

1349. —— **suntan oil.**
       —— dawa ya kupoza jua.

1350. —— **a thermometer.**
       —— thamomita (OR: kipimo cha joto na
       baridi).

1351. —— **a toothbrush.**
       —— brashi ya meno.

1352. —— **a tube of toothpaste.**
       —— kibomba cha dawa ya meno.

1353. —— **a can of toothpowder.**
       —— mkebe wa unga wa dawa ya meno.

CIGAR STORE

1354. **Is the cigar store open?**
       Duka la sigara li wazi?

1355. **I want to buy [some cigars].**
       Nataka kununua [sigaa].

1356. —— **a pack of American cigarettes.**
       —— sigireti (OR: sigara) za Kiamerika
       pakti moja.

1357. —— **matches.**
—— kibiriti.

1358. —— **a pipe.**
—— kiko.

1359. —— **pipe tobacco.**
—— tumbaku ya kiko.

1360. —— **a lighter.**
—— kibiriti cha petroli.

1361. —— **lighter fluid.**
—— mafuta ya kibiriti.

1362. —— **a flint.**
—— jiwe la kuashia.

BOOKSHOP AND STATIONER

1363. **Is there a [bookshop] around here?**
Kuna [duka la vitabu] upande huu?

1364. —— **newsdealer.**
—— muuzaji magazeti.

1365. —— **stationer.**
—— muuza vitu vya kuandikia.

1366. **I want to buy [a blotter].**
Nataka kununua [cha kukaushia wino].

1367. —— **a book.**
—— kitabu.

1368. —— a guidebook.
—— maelezo ya kiongozi.

1369. —— an assortment of picture post-
cards.
—— postkadi za picha mbalimbali.

1370. —— a deck of playing cards.
—— pakti ya karata.

1371. —— a dictionary.
—— kamusi.

1372. —— an English-Swahili dictionary.
—— kamusi la Kiingereza kwa Kiswahili.

1373. —— a dozen envelopes.
—— bahasha darzeni moja.

1374. —— an eraser.
—— raba (OR: cha kufutia maandiko).

1375. —— ink.
—— wino.

1376. —— some magazines.
—— majarida.

1377. —— a map of [Tanzania].
—— ramani ya [Tanzania].

1378. —— some artist's materials.
—— vifaa vya mchoraji.

1379. —— a newspaper.
—— gazeti.

1380. —— a notebook.
—— daftari (OR: kitabu cha kuandikia).

1381. —— **carbon paper.**
—— karatasi ya kunakilia.

1382. —— **onionskin paper.**
—— karatasi zilizo hafifu sana.

1383. —— **a sheet of wrapping paper.**
—— karatasi moja ya kufungia vitu.

1384. —— **writing paper.**
—— karatasi ya kuandikia.

1385. —— **a roll of gummed paper.**
—— kikuto cha karatasi ya gundi.

1386. —— **a fountain pen.**
—— kalamu ya wino.

1387. —— **a ballpoint pen.**
—— kalamu ya wino mkavu.

1388. —— **a pencil.**
—— penseli (OR: kalamu).

1389. —— **string.**
—— uzi.

1390. —— **typing paper.**
—— karatasi ya kupigia chapa.

1391. —— **typewriter.**
—— mashine ya kupigia chapa.

1392. —— **typewriter ribbon.**
—— utepe wa mashine ya kupigia chapa.

BARBER SHOP

1393. **Where will I find a good barber?**
Wapi nitaweza kupata kinyozi mzuri?

1394. **I would like a shave.**
Nitapenda kunyoa.

1395. **I would like to have my hair cut.**
Nitapenda kukatwa nywele.

1396. **Don't cut too much.**
Usikate sana.

1397. **Don't cut any off the top, please.**
Tafadhali mbele usizikate hata kidogo.

1398. **I part my hair [on this side].**
Hupasua nywele [upande huu].

1399. —— **on the other side.**
—— upande wa pili.

1400. —— **in the middle.**
—— katikati.

1401. **Do not put on hair tonic.**
Usitie vaslini (OR: "hair tonic").

1402. **Not too short.**
Zisiwe fupi mno

BEAUTY PARLOR

1403. **I want [a haircut].**
Nataka [kukata nywele].

1404. —— **to wash my hair.**
—— kuosha nywele.

1405. —— **a hair set.**
—— kutengeneza (OR: kuseti) nywele.

1406. —— **a wave.**
—— kutiwa mawimbi.

1407. —— **to straighten my hair.**
—— kunyoosha nywele.

1408. —— **a hair tint.**
—— kupaka rangi nywele.

1409. —— **a permanent wave.**
—— kuzisokota.

1410. —— **a manicure.**
—— kutengeneza kucha.

1411. —— **a massage.**
—— kukandwa.

1412. —— **a facial.**
—— kutengeneza uso.

1413. —— **a shampoo.**
—— shampuu (OR: kuosha nywele).

1414. **Can you do it right away?**
Utaweza kunifanyia sasa hivi?

1415. **Can I make an appointment for tomorrow?**
Naweza kuweka miadi ya kesho?

CAMERA SHOP AND PHOTOGRAPHS

1416. I want a roll of film for this camera.
Nataka filam moja kwa kamera hii.

1417. Do you have [color film]?
Unayo [filam ya rangi]?

1418. —— black and white film.
—— filam ya nyeusi na nyeupe.

1419. —— movie film.
—— filam ya sinema.

1420. —— flashbulbs.
—— fleshbalb (OR: taa za flesh).

1421. What is the charge for [developing a roll]?
Nini bei ya [kusafisha filam]?

1422. —— an enlargement.
—— kukuza picha.

1423. —— one print of each.
—— kopi moja kwa kila picha.

1424. Please have this ready soon.
Tafadhali zitayarishe kwa haraka.

1425. May I take your picture?
Nikupige picha?

1426. Would you take my picture, please?
Tafadhali nipige picha.

LAUNDRY AND DRY CLEANING

1427. Where can I take my clothes to be washed?
Wapi naweza kupeleka nguo zangu kufuliwa?

1428. Is there a dry-cleaning service around here?
Kuna mahali pa dry-cleaning upande huu?

1429. Can I have some laundry done?
Naweza kufuliwa nguo?

1430. I would like to wash these.
Nataka kufua nguo hizi.

1431. This is to be washed in [hot water].
Hii ifuliwe kwa [maji ya moto].

1432. —— warm water.
—— maji yenye vuguvugu.

1433. —— cold water.
—— maji ya baridi.

1434. Do not wash this in [hot water].
Usiifue hii kwa [maji ya moto].

1435. Can you remove this stain?
Unaweza kulitoa doa hili?

1436. Starch the collar.
Utie uwanga ukosi.

1437. **Do not use starch.**
Usitumie uwanga.

1438. **I want this suit cleaned and pressed.**
Nataka suti hii isafishwe na ipigwe pasi.

1439. **The pocket is torn.**
Mfuko umechanika.

1440. **The belt is missing.**
Ukanda umepotea (OR: haupo).

1441. **Will you sew on (LIT.: put on) the buttons for me?**
Utanitilia vifungo?

1442. **Replace the zipper, please.**
Tafadhali badilisha zipu.

REPAIRS

1443. **My watch is not working.**
Saa yangu haifanyi kazi.

1444. **Please fix [my watch].**
Tafadhali nitengenezee [saa yangu].

1445. **My watch (OR: clock) [goes slow].**
Saa yangu [inataakhari].

1446. —— **goes fast.**
—— inatangulia.

1447. **My glasses are broken.**
Miwani yangu imevunjika.

1448. **Where can I repair them?**
Wapi naweza kuitengeneza?

1449. **I would like to have my hearing aid [adjusted] repaired.**
Nitapenda [kurakibishiwa] kutengenezewa visikio vyangu.

1450. **Repair the sole.**
Tengeneza [ngozi ya unyayo].

1451. —— **the heel.**
—— kisigino.

1452. —— **the uppers.**
—— sehemu ya juu ya viatu.

1453. —— **the strap.**
—— ukanda.

HEALTH AND ILLNESS

1454. **I wish to visit [a physician].**
Nataka kwenda kwa [daktari].

1455. —— **an American doctor.**
—— daktari wa Kimarekani.

1456. —— **a specialist.**
—— daktari mwenye maarifa maalumu.

1457. —— **an orthopedist.**
—— daktari wa mifupa.

1458. —— an oculist.
—— daktari wa macho.

1459. —— an ear, nose and throat specialist.
—— daktari wa masikio, pua na koo.

1460. Is the doctor [at home]?
Daktari yuko [nyumbani]?

1461. —— in his office.
—— ofisini.

1462. I have something in my eye.
Nina kitu jichoni.

1463. I have a pain in my back.
Nina maumivu mgongoni.

1464. I do not sleep well.
Silali vizuri.

1465. Can you give me something to relieve
the pain?
Utaweza kunipa kitu cha kunipunguzia
maumivu?

1466. Can you give me something to relieve
my allergy?
Unaweza kunipa kitu kitakachonisahilishia
dhara zangu?

1467. An appendicitis attack.
Kushikwa na "appendix."

1468. An insect bite.
Kutafunwa na mdudu.

1469. **An abscess.**
Jipu lililotunga.

1470. **Bilharzia.**
Kichocho.

1471. **A blister.**
Lengelenge.

1472. **A boil.**
Jipu.

1473. **A burn.**
Kuungua.

1474. **Chicken pox.**
Tetekuwanga.

1475. **Chills.**
Kutetemeka.

1476. **A cold.**
Mafua.

1477. **Constipation.**
Kabdhi.

1478. **A cough.**
Kikohozi.

1479. **A cramp.**
Kupindwa na mshipa (OR: tumbo).

1480. **Diarrhoea.**
Tumbo la kuendesha.

1481. **Dysentery.**
Tumbo la kuhara.

1482. An earache.
Kuumwa na sikio.

1483. A fever.
Homa.

1484. A headache.
Kuumwa na kichwa.

1485. Hoarseness.
Kupwewa sauti (OR: Kukaukwa sauti).

1486. Indigestion.
Tumbo halisagi chakula vizuri.

1487. An infection.
Ugonjwa wa kuambukiza.

1488. Jaundice.
Ugonjwa wa nyongo.

1489. Malaria.
Homa ya malaria.

1490. Measles.
Shurua (OR: Surua).

1491. Mumps.
Matumbwitumbwi.

1492. Nausea.
Kichefuchefu.

1493. Paralysis.
Kiarusi.

1494. Pneumonia.
"Pneumonia" (OR: Ugonjwa wa mapafu).

1495. **A sore throat.**
Kuumwa na koo.

1496. **A sprain.**
Kutetereka.

1497. **A sunburn.**
Kuungua jua.

1498. **Tonsillitis.**
Tezi la koo (OR: Tonsilz).

1499. **What shall I do?**
Nifanye nini?

1500. **Do I have to go to a hospital?**
Itanibidi niende hospitali?

1501. **Must I stay in bed?**
Lazima niwe kitandani?

1502. **Is it contagious?**
Unaambukiza?

1503. **I feel better.**
Naona nafuu.

1504. **I feel worse.**
Naona vibaya zaidi.

1505. **Can I travel [on Monday]?**
Nitaweza kusafiri [Jumatatu]?

1506. **When will you come again?**
Lini utakuja tena?

1507. **When should I take [the medicine]?**
Lini nitumie [dawa]?

1508. —— **injections.**
—— sindano.

1509. —— **the pills.**
—— vidonge.

1510. **Every hour.**
Kila saa.

1511. **[Before] After meals.**
[Kabla] Baada ya chakula.

1512. **On going to bed.**
Unapokwenda kulala.

1513. **On getting up.**
Unapoamka.

1514. **Twice a day.**
Kutwa mara mbili.

1515. **A drop.**
Tone moja.

1516. **A teaspoonful.**
Kijiko kimoja cha chai.

1517. **X-rays.**
X-ray.

DENTIST

1518. **Do you know a good [dentist]?**
Unamfahamu [daktari wa meno] mzuri?

1519. I have a toothache.
Naumwa na jino.

1520. I have lost a filling.
Nimepoteza kuziba kwangu.

1521. This [front tooth] back tooth hurts me.
Hili [jino la mbele] jino la nyuma linaniuma.

1522. This [molar] hurts me.
[Gego] hili linaniuma.

1523. I think I have [an abscess].
Nadhani nina [jipu].

1524. —— a broken tooth.
—— jino lililovunjika.

1525. Can you fix the filling?
Utaweza kuniziba?

1526. Can you fix [the bridge]?
Utaweza kunitengenezea [kiungo hiki]?

1527. —— this denture.
—— meno haya.

1528. Please give me gas.
Tafadhali nitumilie gas (OR: hewa).

ACCIDENTS

1529. There has been an accident.
Kumetokea ajali.

1530. Please call [a doctor].
Tafadhali mwite [daktari].

1531. —— a nurse.
—— muuguzi.

1532. —— a policeman.
—— askari.

1533. Please call an ambulance.
Tafadhali liite gari la wagonjwa.

1534. He has fallen.*
Ameanguka.

1535. He has fainted.
Amezimia.

1536. He has a cut.
Amejikata.

1537. He has a bruise.
Amechubuka.

1538. He has a fracture.
Amevunjika.

1539. A sprain.
Mteguko (OR: Kuteguka).

1540. He is bleeding.
Anatoka damu.

1541. His leg is swollen.
Mguu wake umevimba.

* All the forms given for "he" and "his" can also be used for "she" and "her."

1542. Can you dress this wound?
Utaweza kulifunga dawa jeraha hili?

1543. I need something for a tourniquet.
Ninahitaji kisongo (cha kuzuilia damu).

1544. Are you all right?
Je mzima?

1545. I have hurt my [arm] leg.
Nimeumia [mkono] mguu.

1546. I want to [rest] sit down a moment.
Nataka [kupumzika] kukaa kitako kidogo.

1547. Please notify [my husband].
Tafadhali muarifu [mume wangu].

1548. —— my wife.
—— mke wangu.

1549. —— my friend.
—— rafiki yangu.

PARTS OF THE BODY

1550. The appendix.
"Appendix."

1551. The arm.
Mkono.

1552. The artery.
Mshipa mkubwa (wa damu).

1553. The back.
Mgongo.

1554. The blood.
Damu.

1555. The blood vessels.
Mishipa ya damu.

1556. The bone.
Mfupa.

1557. The brain.
Ubongo.

1558. The breast.
Kifua.

1559. The cheek.
Shavu.

1560. The chest.
Kifua.

1561. The chin.
Kidevu.

1562. The collarbone.
Mtulinga.

1563. The ear.
Sikio.

1564. The elbow.
Kisugudi (OR: Kiko cha mkono).

1565. The eye.
Jicho.

1566. The eyebrows.
Nyusi.

1567. The eyelashes.
Kope.

1568. The eyelid.
Kifuniko cha jicho.

1569. The face.
Uso.

1570. The finger.
Kidole.

1571. The fingernail.
Ukucha.

1572. The foot.
Unyayo.

1573. The forehead.
Kipaji.

1574. The gall bladder.
Nyongo.

1575. The glands.
Vibofu.

1576. The gums.
Ufizi.

1577. The hair.
Nywele.

1578. The head.
Kichwa.

1579. The hand.
Kiganja.

1580. The heart.
Moyo.

1581. The heel.
Kisigino.

1582. The hip.
Nyonga.

1583. The intestines.
Utumbo (OR: Matumbo).

1584. The jaw.
Taya.

1585. The joint.
Kiungo.

1586. The kidney.
Figo.

1587. The leg.
Mguu.

1588. The lip.
Mdomo.

1589. The liver.
Ini.

1590. The lung.
Pafu.

1591. The mouth.
Kinywa.

1592. **The muscle.**
Musuli.

1593. **The neck.**
Shingo.

1594. **The nerve.**
Mshipa wa fahamu.

1595. **The nose.**
Pua.

1596. **The rib.**
Ubavu.

1597. **The shoulder.**
Bega.

1598. **The skin.**
Ngozi.

1599. **The skull.**
Bufuru la kichwa.

1600. **The spine.**
Uti wa mgongo.

1601. **The stomach.**
Tumbo.

1602. **The teeth.**
Meno.

1603. **The toe.**
Kidole cha mguu.

1604. **The big toe** (OR: **Thumb**).
Kidole gumba.

1605. The toenail.
Ukucha wa mguu.

1606. The tongue.
Ulimi.

1607. The tonsils.
Vinundu vya koo.

1608. The veins.
Mishipa ya damu.

1609. The wrist.
Kiwiko.

TIME

1610. What time is it?
Ni saa ngapi?

1611. It is early.
Ni mapema.

1612. It is late.
Ni saa nyingi.

1613. Two A.M.
Saa nane za usiku* (OR: Usiku wa manane).

* *Saa nane za usiku* and *Saa nane za mchana* mean literally "eight hours of the night" and "eight hours of the day," respectively. From about three o'clock to sunset, "P.M." is expressed with the word *alasiri* (afternoon) or *jioni* (evening). The numbers of the hours in Swahili are counted from what we call seven o'clock; thus, seven o'clock is "one hour," eight o'clock is "two hours," etc.

1614. Two P.M.
Saa nane za mchana.*

1615. Half-past three [P.M.].
Saa tisa na nusu [za alasiri].*

1616. Quarter-past four.
Saa kumi na robo.

1617. Quarter to five.
Saa kumi na moja kasorobo.

1618. At ten minutes to six.
Saa kumi na mbili kasoro dakika kumi.

1619. At twelve minutes past seven.
Saa moja na dakika kumi na mbili.

1620. In the morning.
Asubuhi (OR: Wakati wa asubuhi).

1621. In the afternoon.
Alasiri (OR: Wakati wa alasiri).

1622. In the evening.
Jioni (OR: Wakati wa jioni).

1623. At noon.
Mchana (OR: Adhuhuri).

1624. At midnight.
Kati ya usiku.

1625. The daytime.
Mchana.

1626. The night.
Usiku.

* See note on preceding page.

1627. Last night.
Jana usiku.

1628. Yesterday.
Jana.

1629. Today.
Leo.

1630. Tonight.
Leo usiku.

1631. Tomorrow.
Kesho.

1632. Last month.
Mwezi uliopita.

1633. Last year.
Mwaka uliopita (OR: Mwaka jana).

1634. Next week.
Juma lijalo (OR: Wiki ijayo).

1635. Next Sunday.
Jumapili ijayo.

1636. The day before yesterday.
Juzi.

1637. The day after tomorrow.
Kesho kutwa.

1638. Two weeks ago.
Wiki mbili zilizopita.

WEATHER

1639. **How is the weather today?**
Hali ya hewa i vipi leo?

1640. **It is cold.**
Kuna baridi.

1641. **Fair.**
Njema (OR: Nzuri).

1642. **It is warm.**
Kuna vuguvugu.

1643. **It is hot.**
Kuna joto.

1644. **It is sunny.**
Kuna jua.

1645. **Beautiful.**
Kuzuri.

1646. **It is raining.**
Inanyesha (OR: Kunanyesha).

1647. **I want to sit [in the shade].**
Nataka kukaa [kivulini].

1648. —— **in the sun.**
—— juani.

1649. —— **in a breeze.**
—— kwenye upepo.

DAYS OF THE WEEK

1650. Monday.
Jumatatu.

1651. Tuesday.
Jumanne (OR: Jumaane).

1652. Wednesday.
Jumatano.

1653. Thursday.
Alkhamisi (OR: Alhamisi).

1654. Friday.
Ijumaa.

1655. Saturday.
Jumamosi.

1656. Sunday.
Jumapili.

MONTHS AND SEASONS

1657. January.
Januari (OR: Mwezi wa kwanza).*

1658. February.
Februari (OR: Mwezi wa pili).

* The names given in parentheses mean literally "first month," "second month," etc.

1659. **March.**
Machi (OR: Mwezi wa tatu).

1660. **April.**
Aprili (OR: Mwezi wa nne).

1661. **May.**
Mei (OR: Mwezi wa tano).

1662. **June.**
Juni (OR: Mwezi wa sita).

1663. **July.**
Julai (OR: Mwezi wa saba).

1664. **August.**
Agosti (OR: Mwezi wa nane).

1665. **September.**
Septemba (OR: Mwezi wa tisa).

1666. **October.**
Oktoba (OR: Mwezi wa kumi).

1667. **November.**
Novemba (OR: Mwezi wa kumi na moja).

1668. **December.**
Desemba (OR: Mwezi wa kumi na mbili).

1669. **The cool season.**
Kusi (OR: Kipupwe).

1670. **The summer.**
Kiangazi (OR: Kaskazi).

1671. **The heavy rain season.**
Masika.

1672. The light rain season.
Vuli.

HOLIDAYS

1673. A public holiday (LIT.: A national holiday).
Sikukuu ya taifa.

1674. Happy birthday!
Siku ya kuzaliwa ya furaha!

1675. Christmas.
Krismasi (OR: Noeli).

1676. Muslim fasting month.
Ramadhani.

1677. Islamic feast day.
Idi.

1678. Easter.
Pasaka.

1679. Good Friday.
Ijumaa kuu.

1680. New Year.
Mwaka mpya.

1681. Happy New Year!
Mwaka mpya wa furaha!

1682. **The birthday of the prophet Muhammad.**
Maulidi.

USEFUL ARTICLES

1683. **An ashtray.**
Kidude cha jivu.

1684. **A basket.**
Kikapu.

1685. **A bottle opener.**
Kifunguo (cha chupa).

1686. **A box.**
Sanduku (OR: Boksi).

1687. **A bracelet.**
Kikuku (OR: Pochi; Keke).

1688. **Brass.**
Shaba.

1689. **A broom.**
Ufagio.

1690. **A light bulb.**
Globu ya taa.

1691. **A can opener.**
Kifunguo cha mkebe.

1692. China.
Vyombo vya vigae (OR: Vyombo vya kaure).

1693. A clock.
Saa.

1694. An alarm clock.
Saa ya kengele.

1695. The cloth.
Kitambaa.

1696. A compact.
Kibati cha poda (OR: podari).

1697. Copper.
Shaba nyekundu.

1698. Cork.
Kizibo.

1699. A corkscrew.
Kizibuo.

1700. Cotton.
Pamba.

1701. Cuff links.
Vifungo vya mikono ya shati.

1702. A cushion.
Mto.

1703. A dog.
Mbwa.

1704. **A doll.**
Bandia.

1705. **Earrings.**
Herini.

1706. **Embroidery.**
Kutia nakshi (OR: tarizi).

1707. **A flashlight.**
Kurunzi.

1708. **Chewing gum.**
Ubani.

1709. **A hair net.**
Wavu wa nywele.

1710. **Jewelry.**
Vitu vya thamani.

1711. **Lace.**
Almaria.

1712. **Leather.**
Ngozi.

1713. **Linen.**
Katani.

1714. **Dress material.**
Kitambaa cha kanzu.

1715. **A mirror.**
Kioo.

1716. **Musical instruments.**
Ala za muziki (OR: ngoma).

1717. **A necklace.**
Kidani.

1718. **A needle.**
Sindano (OR: Shindano).

1719. **A pail.**
Ndoo.

1720. **A penknife.**
Kijembe (OR: Kisu cha kukunja).

1721. **Perfume.**
Mafuta mazuri.

1722. **A plate.**
Sahani.

1723. **Phonograph records.**
Sahani za santuri (OR: Rekodi).

1724. **A radio.**
Redio.

1725. **A ring.**
Pete.

1726. **A rug.**
Zulia.

1727. **Scissors.**
Mkasi.

1728. **Silk.**
Hariri.

1729. **Silver.**
Fedha.

1730. **A precious stone.**
Kito.

1731. **A tablecloth.**
Kitambaa cha meza.

1732. **A thimble.**
Kustubani.

1733. **Thread.**
Uzi.

1734. **Toys.**
Michezo ya watoto.

1735. **A tray.**
Sinia.

1736. **An umbrella.**
Mwanvuli.

1737. **A vase.**
Jagi la maua.

1738. **A whiskbroom.**
Kifagio (OR: Mwigizo).

1739. **Wire.**
Waya (OR: Simu; Uzi wa chuma).

1740. **Wood.**
Mbao.

1741. **Wool.**
Sufi.

1742. **A wristwatch.**
Saa ya mkono.

NUMBERS: CARDINALS

1743.

0	Sufuri
1	Moja
2	Mbili
3	Tatu
4	Nne
5	Tano
6	Sita
7	Saba
8	Nane
9	Tisa
10	Kumi
11	Kumi na moja
12	Kumi na mbili
13	Kumi na tatu
14	Kumi na nne
15	Kumi na tano
16	Kumi na sita
17	Kumi na saba
18	Kumi na nane
19	Kumi na tisa
20	Ishirini
21	Ishirini na moja
22	Ishirini na mbili
30	Thelathini
31	Thelathini na moja
40	Arbaini
50	Khamsini (OR: Hamsini)
60	Sitini
70	Sabini

80	Themanini
90	Tisini
100	Mia
101	Mia na moja
110	Mia na kumi
1,000	Elfu
2,000	Elfu mbili
3,000	Elfu tatu
4,000	Elfu nne
100,000	Laki
1,000,000	Milioni

NUMBERS: ORDINALS*

1744.
first	cha kwanza
second	cha pili
third	cha tatu
fourth	cha nne
fifth	cha tano
sixth	cha sita
seventh	cha saba
eighth	cha nane
ninth	cha tisa
tenth	cha kumi

* The *cha* form given here appears with *ki-* class nouns. Other forms are:

m- class	wa kwanza, wa pili, etc.
n- class	ya kwanza, etc.
ji- class	la kwanza, etc.
place	pa kwanza, etc.

INDEX

All the sentences, words and phrases in this book are numbered consecutively from 1 to 1744. The entries in this index refer to these numbers. In addition, each major section heading (capitalized) is indexed according to page number. Grammatical forms are indicated (where there might be confusion) by the following italic abbreviations: *adj.* for adjective, *adv.* for adverb, *n.* for noun, *pl.* for plural, *sing.* for singular, and *v.* for verb. Parentheses are used for explanations.

Because of the already large extent of the indexed material, cross-indexing has generally been avoided. Phrases or groups of two words or more will be found under only one of their components (e.g., "ballpoint pen" and "fountain pen" only under "ballpoint" and "fountain," even though there is a separate entry for "pen" alone). If you do not find a phrase under one of its words, try another.

Every English word or phrase in the index is followed by its Swahili equivalent, which is usually given in its basic (or "dictionary") form. Thus, in effect, the reader is here provided with a unique English-Swahili glossary of up-to-the-minute language. Naturally, a rudimentary acquaintance with Swahili grammar is essential for making the best use of this index, since the basic forms of many words are altered in sentence situations by a variety of prefixes and suffixes. To assist you in using the correct forms of words in sentences of your own making, the index lists not only the first numbered sentence in which each word occurs, but also all the sentences in which the basic form is significantly varied.

Thus, for example, under "want" (basic form: *taka*), sentences 15, 16, 286, 314 and 864 are listed. These sentences (in numerical order) provide the forms *nataka* (I want), *sitaki* (I do not want), *unanitaka* (you [*sing.*] want me), *unataka* (you [*sing.*] want) and *tunataka* (we want)—in other words, all the forms of *taka* that happen to appear in the book. Invariable words are indexed only under their first appearance, and only one appearance of each variation is given, so that there are no unnecessary duplicate listings. The beginner would do well to look at all the sentences listed for a word in order to become familiar with the range of variations.

It is of course not the purpose of the present book to give all possible variations or to teach you in a formal way how to change singulars to plurals, etc.—you will need a grammar and a dictionary for that. But it will give you the proper form to look up in the dictionary, where you will find further information.

Where a numbered sentence contains a choice of Swahili equivalents (e.g., sentence 1, which gives *ndiyo* or *naam* for "yes"), usually only the first choice has been included in the index. (Always refer to the sentences for more information.) Words for which Swahili uses the English term unchanged (e.g., *fox trot*) have not been indexed, nor have those Swahili words without an English equivalent (e.g., the alcoholic drink *waragi*).

bakery: *tanuri* 1233

balcony: *roshani* 737

ballet: *balee* 1086

ballpoint pen: *kalamu ya wino mkavu* 1387

banana: *ndizi* 991

bandage: *kitambaa cha kufungia* 1305

bank: *bengi* 371

BANK AND MONEY p. 113

BAR p. 87

barber: *kinyozi* 1393

BARBER SHOP p. 136

basket: *kikapu* 1684

basketball: *mpira wa vikapu* 1114

bathing cap: *kofia ya kuogelea* 1258

bathing suit: *kiogeo* 1259

bath mat: *mkeka wa chooni* 783

bathroom: *choo cha kuogea* 732

battery: *betri* 541

beach: *pwani* 1048

bean cakes: *bajia* 830

beans: *kunde* 965

bear (= "follow"): *fuata* 620

beautiful: *-zuri* 17

BEAUTY PARLOR p. 136

because: *kwa sababu* 287

becoming, be: *pendeza* 1184

bed: *kitanda* 738, 739, 1501; make a —: *tandika* — 798; to — (= "to sleep"): *kulala* 1512

bedroom: *chumba cha kulalia* 810

beef: *nyama ya ng'ombe* 925

beer: *pombe* 832

before: *kabla ya* 1511

behind: *nyuma ya* 371

below: *chini ya* 373

belt: *ukanda* 1440

beside: *ubavuni mwa* 369

best: *bora* 341

better (in health): *nafuu* 1503

beverage: *kinywaji* 906

BEVERAGES p. 102

Bible: *Biblia* 1080

bicarbonate of soda: *karbonet ya soda* 1306

bicycle: *baiskeli* 521

bilharzia: *kichocho* 1470

bill (check): *hesabu* 773; (money): *noti* 1139

birthday: *siku ya kuzaliwa* 1674

bite (*v.*): *tafuna* 1468

black: *-eusi* 1220; — coffee (= "coffee that

does not have milk");
*kahawa isiyokuwa na
maziwa* 1010
blanket: *blangeti* 436
bleed: *toka damu* 1540
blister: *lengelenge* 1471
blood: *damu* 1554; —
vessel: *mshipa wa —*
1555
blotter: *cha kukaushia wino*
1366
blouse: *blauzi* 1260
blue: *buluu* 1222
boarding house: *nyumba
ya wageni* 718
boat: *meli* 252
boil (n.): *jipu* 1472; (v.):
chemsha 802
boiled: *-a kuchemsha*
981
bolt: *parafujo* 578
bone: *mfupa* 1556
bon voyage: *nenda salama*
442
book: *kitabu* 290
bookshop: *duka la vitabu*
1234
BOOKSHOP AND
STATIONER p. 133
boric acid: *asidi ya borik*
1307
bother (v.); *ghasi* 220,
224, 225
bottle: *chupa* 839

box: *sanduku* 1686
boy: *mvulana* 159
bracelet: *kikuku* 1687
brain: *ubongo* 1557
brake: *breki; kizuizo* 548,
579
brandy: *brandi* 833
brass: *shaba* 1688
brassiere: *sidiria* 1261
bread: *mkate* 868
breadfruit: *shelisheli* 966
break: *vunja* 256; —
down: *haribika* 564
BREAKFAST p. 93
breakfast: *chakula cha
asubuhi* 765
bream: *samaki wa changu*
930
breast: *kifua* 1558
breeze: *upepo* 1649
bridge (structure): *daraja*
379; (teeth): *kiungo*
1526
bring: *let(e)a* 247, 782
broiled: *-a kuchoma* 941
broken, be: *vunjika* 1447
broom: *ufagio* 1689
brother: *kaka* 136
brown: *kahawia* 1221
bruised, be: *chubuka* 1537
bunch: *fungu* 1160
burned, be: *ungua* 1473
bus: *basi* 250; — stop:
kituo cha — 350

dish: *chombo cha chakula* 813

disturb: *ghasi* 776

ditch: *shimo* 568

do: *fanya* 164, 254, 268, 1414

doctor: *daktari* 80

dog: *mbwa* 1703

doll: *bandia* 1704

dollar: *dola* 1136

door: *mlango* 474

double (= "for two persons"): *-a watu wawili* 725

double curve: *njia pindi mbili* 644

downstairs: *chini* 754

dozen: *darzeni* 1271

draft, bank: *hawali ya bengi* 1131

dress (n.): *kanzu* 1265; — material: *kitambaa cha* — 1714

dress (wound): *funga dawa* 1542

dressmaker: *mshoni* 1239

drink (v.): *nywa* 438, 1010

drive: *endesha; zunguka kwa gari* 512, 513

driver: *dereva* 487

driver's license: *laysensi ya motokaa* 517; international — —: *laysensi ya mataifa* 518

drop (n.): *tone* 1515

DRUGSTORE p. 127

drugstore: *duka la madawa* 1240

dry (adj.): *-kavu* 842

duck: *bata* 943

durian: *doriani* 994

dutiable (= "tax to be paid"): *hutozwa ushuru* 298

duty (= tax): *ushuru* 284

dysentery: *tumbo la kuhara* 1481

ear: *sikio* 1459; — stoppers: *vizibo vya masikio* 1317

earache: *kuumwa na sikio* 1482

earlier: *kabla ya hapo* 415

early: *mapema* 422

earrings: *herini* 1705

east: *mashariki* 362

Easter: *Pasaka* 1674

eat: *la* 827

egg: *yai* 913, 914; — pudding: *pudin ya mayai* 1028

eggplant: *biringani* 973

eight: *-nane* 1743

eighteen: *kumi na nane* 1743

eighth: *-a nane* 1744

how: *vipi* 44; — are things going: *mambo yanaendeleaje* 122; — are you: *uhali gani* 108; — far: *umbali gani* 48; — is (are): *hajambo (hawajambo)* 115, 117; — long (measurement): *urefu gani* 1207; — long (time): *muda gani* 47; — many: *-ngapi* 46, 403; — much: *kiasi gani; kodi gani* 45, 816

hundred: *mia* 710; — thousand: *laki* 1743

hungry: *na njaa* 94

hunt (v.): *winda* 1120

hurry, in a: *na haraka* 90

hurt (v.): *um(i)a* 1521, 1545

husband: *mume* 118

I, me: *mimi* 68

ice: *barafu* 1017; — cream: *ayskrimu* 828

Idd: *Idi* 183

ignition key: *ufunguo wa enjini* 585

included: *pamoja* 774

indigestion: *tumbo halisagi chakula vizuri* 1486

inexpensive (hotel): *isiyokuwa ya ghali* 717

infection: *ugonjwa wa kuambukiza* 1487

information: *habari* 326

initiation dance: *jando; unyago* 1091

injection: *sindano* 1508

ink: *wino* 1315

insect: *mdudu* 1468; — repellent: *dawa ya wadudu* 1326

inside: *ndani* 374

insure: *pata bima* 710

interested in, be (= "like to see"): *penda kuona* 1037

interesting, of interest: *-a kupendeza* 1036, 1105

intermission: *kituo cha mapumziko* 1104

interpreter: *mtarjumani* 205

intestines: *utumbo* 1583

introduce: *julisha* 126

iodine: *aydini* 1327

iron (v.): *piga pasi* 795

Italian (language): *Kitaliana* 189

jack: *jeki; kiinua gari* 573, 604

jacket: *koti* 1273

jackfruit: *fenesi* 999

o'clock: *saa* 778
October: *Oktoba* 1666
oculist: *daktari wa macho* 1458
office: *ofisi* 165, 1461
official: *rasmi* 404
oil: *mafuta* 539
O.K.: *haya* 12
okra: *bamia* 974
old: *-kukuu* 1215
omelet: *kiwanda* 912
one: *-moja* 301
one-way fare: *nauli ya kwenda* 389
onion: *kitunguu* 958; — in vinegar: *kachumbari* 959
onionskin paper: *karatasi zilizo hafifu sana* 1382
only: *tu* 191
open (*adj.*): *wazi* 675; (*v.*): *fungu(li)a* 19, 285, 287, 386, 473, 474
opener: *kifunguo* 1685
opera: *opra* 1090
operator: *opareta* 682
optometrist: *anayepima miwani* 257
or: *au* 221
orange: *chungwa* 823; (color): *manjano mabivu* 1226
orchestra: *okestra* 1099
order (*v.*, food): *agizia* (*chakula*) 864, 896

Oriental: *-a kimashariki* 877
orthopedist: *daktari wa mifupa* 1457
other: *-ingine* 366, 498, 501; the —: *-a pili* 1399
our: *-etu* 853
outside: *nje* 375
overcooked, be: *iva mno* 892
overheat: *shika moto sana* 553
owe (I — you = "you claim from me"): *dai* 315
oyster: *chaza* 936

pack (*n.*): *pakti* 1356; (*v.*): *funga* 1192
package: *furushi; kifurushi; sanduku* 293, 710, 1339
pail: *ndoo* 1719
pain: *maumivu* 1463
painting: *uchoraji* 1039
pair: *jozi* 1267
pajamas: *pajama* 1276
panties: *suruali* 1277
papaya: *papai* 909, 1003
paper: *karatasi* 434
paralysis: *kiarusi* 1493
parcel: *furushi* 1195; — post: *posta ya mizigo* 707

Wednesday: *Jumatano* 1652

week: *juma*; *wiki* 728, 1638

weight: *uzito* 402

welcome, you are: *si kitu* 7

well (*adj.*): -*zima* 110, 116; (*adv.*): *vizuri* 123; — done (= "that should be cooked much"): *ipikike sana* 891

west: *magharibi* 361

what: *gani*; *nini* 14, 199; (= which?): *gani*; -*pi* 443, 486, 865

wheel: *gurudumu* 595–599

when: *lini* 19

where: *mahali gani*; *wapi* 18, 165

which?: -*pi* 286, 341

while, a: *kitambo* 306

whiskbroom: *kifagio* 306

whisky: *wiski* 835

white: -*eupe* 837

who, whom: *nani* 41, 1191

why: *kwa nini* 36

wide: -*pana* 1214

width: *upana* 1204

wife: *mke* 117

winding road: *barabara imepindapinda* 616

window: *dirisha* 385

windshield: *kioo cha mbele* 544; — wipers: *vipanguso vya kioo* 600

wine: *mvinyo* 837; — list: *orodha ya —* 867

wire (metal): *waya* 1739

wish (= want): *taka* 14, 776

with (together with): *pamoja na* 168

without: *bila ya* 730

woman: *bibi* 158

wood: *mbao* 1740

wool: *sufi* 1741

word: *neno* 199

work (*n.*): *kazi* 84; (*v.*): *fanya kazi* 84, 1443

worse: *vibaya zaidi* 1504

worship (*v.*): *abudu* 1083

wound (*n.*): *jeraha* 1542

wrapping paper: *karatasi ya kufungia vitu* 1383

wrench: *teguo* 614

wrist: *kiwiko* 1609

wristwatch: *saa ya mkono* 1742

write: *andika* 201, 202

yard (measure): *yadi* 1155

year: *mwaka* 70; — years old: *na miaka —* 70

yellow: *manjano* 1231

CONVERSATIONAL CHINESE

by Morris Swadesh

Contrary to popular belief, Chinese grammar is really very simple. There are no elaborate conjugations or declensions, no multitudinous forms, and no difficult sound changes. Syntax is equally simple. Thus, you will be able to learn a surprising amount of colloquial Mandarin Chinese from this book, which was originally prepared for the United States Army.

Using a phonetic system that you can read at sight, Dr. Swadesh, one of America's foremost linguists, covers the most important, most useful speech patterns. Sounds, the system of tones, basic sentence structures, systems of negation, use of particles and similar essential material are all treated, with many helpful practice exercises based on everyday situations. At the end of the book is printed a 98-page English to Chinese dictionary, in which both individual words and ready-made sentences are given, with full indication of tones (an unusual feature for an elementary book). To make learning easier for you, Chinese characters and Chinese writing systems are not used in this book.

Formerly titled "Chinese in Your Pocket." xvi + 158pp.

21123-1 Paperbound **$3.95**

A PHRASE AND SENTENCE DICTIONARY
OF SPOKEN SPANISH
English-Spanish, Spanish-English

Prepared by a committee of expert linguists for the U.S. Government, this dictionary has two outstanding advantages: 1) it is based entirely on modern colloquial usage (both Castilian and Latin American) and 2) it treats the phrase or sentence as the unit of communication rather than the isolated word.

Virtually every one of the more than 25,000 idiomatic expressions included in this dictionary can be applied to a situation in which you might find yourself. They are taken from everyday life, business situations, sightseeing, and other common activities of the traveller, student, businessman, or government employee. This is easily the largest list of English-Spanish and Spanish-English phrases ever published.

There is also a 25-page introduction to Spanish sounds, grammar and syntax, and a 17-page appendix of useful information. Unabridged reproduction of TM 30-900.

517pp. 5⅜ x 8⅜.   20495-2 Paperbound **$6.95**

A PHRASE AND SENTENCE DICTIONARY OF SPOKEN RUSSIAN, ENGLISH-RUSSIAN, RUSSIAN-ENGLISH

This unique modern dictionary (specially prepared by linguistics experts for the U.S. Government) regards the phrase as the basic unit of communication, rather than the word. Thus, every word you look up is shown as it is actually used in idiomatic phrases and sentences. There are more than 20,000 of these sentences—the largest compilation of translated Russian sentence material in the English language! Also, there are more than 11,500 separately-indexed word entries.

Accent changes within conjugation and declension are shown, as are irregular forms, which are listed both separately and under the main entries. A 15,000-word introduction covers Russian sounds, writing, grammar, and syntax, and a 15-page appendix provides information about geography, money, holidays, etc.

Such features make this dictionary indispensable to traveling businessmen, students, scientists, government employees, and tourists.

Unabridged reproduction of TM 30-944. 577pp. 6 x 9.
20496-0 Paperbound **$9.95**

PHONETICS
by Bertil Malmberg

Prepared by the Professor of Phonetics, Lund University, Sweden, this is the only full, detailed coverage of phonetics which is specific enough to be of practical value, yet simple and clear enough to be used by intelligent readers without previous training. It covers physical aspects of sound, physiological phonetics (or the actual production of sounds), special features (tone, stress, pitch), combinatory phonetics, phonemics, historical phonetics, evolution of sounds, linguistic geography and similar necessary topics. Professor Malmberg draws upon languages from all over the world, and provides thorough, specific analyses of English, French and German sound systems. As a result we recommend this book highly to anyone currently working with a foreign language; unless you have studied phonetics formally and thoroughly, it is certain to teach you much that is important to your foreign language study. Revised translation of 3rd French edition, enlarged with special material for English-speaking users. 63 illustrations. iv + 123pp. 5⅜ x 8½.

21024-3 Paperbound **$2.95**

ESSENTIAL GRAMMARS

This unusual series has been devised to help adults with limited learning time, presenting fully and clearly basic colloquial forms and constructions. Enabling you to achieve communication in a remarkably short time, or to understand the material in phrase-approach record courses or books, these books stress explanation rather than rote memory; clarity of presentation; regularities rather than irregularities; many short cuts and ways to avoid constructions difficult for an English-speaker; modern presentation techniques, often more effective than traditional ones; reference to English parallels. These books are not baby talk or over simplifications, however they are thorough coverages without dead wood or archaic elements. Each volume also contains an appendix explaining grammatical terminology. The French and Spanish volumes contain lists of cognates (words nearly identical in form and meaning) for vocabulary building. All 5⅜ x 8.

A FOUNDATION DICTIONARY OF RUSSIAN

by B. Anpilogova and others

Prepared by a team of topnotch Russian linguists and educators, this book has been prepared specially for the English-speaker who is studying Russian. It consists of 3,000 highest frequency Russian words, carefully selected and analyzed according to submeanings. In addition to lexical and grammatical data, it also gives ready-made sentences and phrases for each word (in both English and Russian), illustrating exact idiomatic usage.

This dictionary is one of the handiest tools for a beginner or intermediate student in Russian studies. It is probably the only high semantic frequency list generally available for Russian, the only established list that will tell you which words you should know to have a basic Russian vocabulary. Since all this material is presented to you in sentence form, it is very easy to learn.

Formerly titled "Essential Russian-English Dictionary." 178pp. 5⅜ x 8.   21860-0 Paperbound $4.50

ESSENTIAL ENGLISH GRAMMAR
by Philip Gucker

Written by a highly gifted teacher who has specialized in adult education, this basic English grammar has been designed for adults with limited learning time. It explains important points of grammar needed for everyday speech and comprehension, avoiding seldom-used forms that you are not likely to need. Anticipating your questions and enabling you to avoid misunderstandings, Mr. Gucker proceeds in easy, natural steps from the simple sentence through the various parts of speech to more difficult constructions. All terms are defined and all forms used are amply illustrated with model sentences and phrases. More than 600 practice exercises and solutions help to make this an excellent home-study text. Serving effectively as a supplement to a phrase or record course, as a crystal-clear course for students and teachers, Mr. Gucker's text provides a firm foundation in basic English grammar, whether English is your native tongue or a second language. Index.   x + 177pp. 5⅜ x 8.

21649-7 Paperbound **$3.50**